LE MUNICIPALISME LIBERTAIRE

Janet Biehl
avec la collaboration de Murray Bookchin

LE MUNICIPALISME LIBERTAIRE

La politique de l'écologie sociale

Nouvelle édition révisée

Traduit de l'anglais (États-Unis) par Nicole Daignault

Préface d'Annick Stevens

écosociété

Responsable de la production : Pierre Wyrsch ; nouv. éd. : Christophe Horguelin
Maquette de la couverture : Catherine D'Amours, Jolin Masson
Illustration de la couverture : Denis Juneau, *Ligne, surface, volume – 1 (2007-23)*, 2007,
aquarelle sur papier, 51 × 66 cm. © Denis Juneau, 2013
Typographie et mise en pages : Yolande Martel

L'édition originale de ce livre a été publiée en 1998 par Black Rose Books sous le titre
The Politics of Social Ecology : Libertarian Municipalism.

Dépôt légal : 3e trimestre 2013

ISBN 978-2-89719-091-0

**Catalogage avant publication de Bibliothèque et Archives nationales du Québec et
Bibliothèque et Archives Canada**

Biehl, Janet, 1953-

[Politics of social ecology. Français]

Le municipalisme libertaire : la politique de l'écologie sociale

Nouvelle édition révisée.

Traduction de : The politics of social ecology.
Comprend des références bibliographiques.

ISBN 978-2-89719-091-0

1. Administration municipale. 2. Écologie sociale. 3. Libertarianisme. I. Bookchin,
Murray, 1921-2006. II. Titre. III. Titre : Politics of social ecology. Français.

HT151.B5314 2013   320.8   C2013-941700-1

Nous remercions le Conseil des Arts du Canada de l'aide accordée à notre programme de publication. Nous reconnaissons l'aide financière du gouvernement du
Canada par l'entremise du Fonds du livre du Canada pour nos activités d'édition.

Nous remercions le gouvernement du Québec de son soutien par l'entremise du
programme de crédits d'impôt pour l'édition de livres (gestion SODEC) et la SODEC
pour son soutien financier.

TABLE DES MATIÈRES

PREMIÈRE PARTIE

DEUXIÈME PARTIE

Préface à la nouvelle édition

Dans la plupart des pays où les différents paliers de gouvernement sont constitués par des élections, on constate un abstentionnisme croissant lors des scrutins, et d'une manière générale un désintérêt pour la vie politique. Nombreux sont les observateurs qui attribuent cette tendance à un repli égoïste et consumériste sur la vie privée. Quelques-uns seulement font remarquer que, si le remplacement progressif de toutes les valeurs par la valeur économique est certainement un facteur important, ce repli a aussi été suscité par les institutions représentatives elles-mêmes, qui privent le « citoyen » — terme désormais abusif — de tout pouvoir de décision quant à l'organisation de la vie en société, ne lui laissant que le loisir d'élire des candidats de plus en plus identiques et, éventuellement, de participer à des consultations très médiatisées dont les résultats ne seront jamais pris en compte. Rousseau, déjà, adressait cette critique au régime parlementaire, et c'est en toute connaissance de cause que les constitutions républicaines depuis la fin du XVIIIe siècle ont fixé dans l'airain ce régime qui ne laisse aucune chance à la démocratie, c'est-à-dire au pouvoir exercé par le peuple.

La plupart des gens se sont habitués à cette passivité, et s'ils protestent parfois, c'est à propos du contenu d'une décision, non du mode de décision lui-même. Les habitants des pays dits démocratiques sont suffisamment formatés par l'idéologie dominante pour considérer qu'une véritable démocratie n'est ni possible ni même souhaitable. Pour s'en convaincre, chacun s'empresse de déprécier les expériences qui en ont été faites dans le passé, soit en invoquant d'autres défauts des sociétés où elles ont eu lieu, soit en alléguant leur inadéquation aux sociétés actuelles.

Murray Bookchin et Janet Biehl s'inscrivent au contraire dans la tradition aujourd'hui minoritaire de penseurs et d'activistes qui, depuis l'Antiquité et jusqu'à nos jours, estiment qu'une vie humaine n'est complète que si elle peut réaliser l'ensemble de ses potentialités créatrices, en particulier celle de participer à l'élaboration du vivre-ensemble selon un processus réflexif, lucide et délibératif. Cette pensée, qui était dominante à l'époque de l'Athènes classique et qu'on trouve exprimée dans des textes aussi divers que le *Protagoras* de Platon, la *Politique* d'Aristote et les *Histoires* de Thucydide, a été reprise et adaptée aux conditions du XXe siècle par des penseurs tels qu'Hannah Arendt, Cornelius Castoriadis et Noam Chomsky. Mais surtout, elle a été revendiquée et mise en pratique par de larges mouvements populaires au cours des derniers siècles, qui la déclinèrent dans une multitude de réalisations plus ou moins éphémères, selon le rapport de force qu'ils établirent avec les pouvoirs centralisateurs et dominateurs.

Ce n'est pas le moindre mérite du présent ouvrage que de rappeler les épisodes oubliés ou déformés de notre histoire au cours desquels s'est déployé ce formidable élan d'auto-organisation, de mobilisation des intelligences et des forces créatrices. Bien entendu, il n'est pas dans l'intention de Biehl et Bookchin d'ériger quelque expérience que ce soit en modèle parfait, ni de donner à penser que les sociétés dotées d'institutions politiques réellement démocratiques sont prémunies contre tout défaut dans d'autres domaines. Il s'agit plutôt de montrer qu'une telle institution est possible, y compris aujourd'hui, et qu'elle se prête à une évolution permanente, en fonction des désirs de l'ensemble de ses participants.

On comprend dès lors que le défi principal, qui fut celui de toute l'œuvre de Bookchin et qui est ici admirablement synthétisé, est d'actualiser la conception de la démocratie directe et de la lier étroitement aux impératifs de notre époque. Certains de ceux-ci font l'unanimité dans l'opinion de gauche, comme l'urgence écologique ou la lutte contre l'oppression de certaines catégories de personnes, que ce soit sur la base du genre, de l'origine ethnique, du statut socioéconomique ou d'autres facteurs de discrimination. En revanche, un autre impératif essentiel pour Bookchin tend à disparaître des revendications actuelles, même radicales, à savoir la libération de la vie quotidienne par la diminution des contraintes de la nécessité, seul moyen de garantir à tous l'accès aux activités épanouissantes. Or, cet allégement du poids de la nécessité — c'est-à-dire le temps consacré aux tâches productives et l'inquiétude liée à la simple survie matérielle — est une condition indispensable d'une vie publique intense, non seulement politique, mais aussi intellectuelle et artistique. À cet égard, on a souvent mal compris les propositions de Bookchin concernant la technologie. Sans l'espace de liberté que la technologie est appelée à dégager, selon Bookchin, l'appel au municipalisme libertaire succombe sous l'objection redoutable du manque de disponibilité des travailleurs, accaparés par des tâches professionnelles qui, loin d'aller en diminuant, semblent condamnées à augmenter sans cesse pour compenser les « crises » du système capitaliste.

Insistons donc sur l'importance de ce lien : il n'y aura pas de démocratie directe sans réduction massive du temps de travail, et cela suppose non seulement que l'on s'attaque au mythe de la croissance (ce que recommandent heureusement de plus en plus d'associations et courants de gauche), mais aussi — et là se brise le consensus — que l'on refuse de répondre au problème écologique par un rejet généralisé de la technologie et de la mécanisation. Lorsque Bookchin célèbre la société « post-rareté », il ne veut absolument pas dire que l'abondance est déjà acquise pour tous grâce aux technologies existantes, mais bien qu'elle est désormais à notre portée grâce aux potentiels technologiques que nous pouvons développer sur la base d'énergies compatibles avec l'équilibre écologique, telles que les énergies solaire, éolienne, hydraulique (y compris marémotrice), géothermique, et d'autres encore à découvrir. L'efficacité de ces énergies dépend fortement de leur adéquation aux ressources et aux besoins locaux, ce qui apporte un argument supplémentaire au projet de décentralisation municipaliste : c'est à chaque région qu'il appartient d'évaluer les ressources disponibles et nécessaires, et de contrôler leur exploitation et leur distribution. Au contraire, la centralisation de l'exploitation énergétique provoque la destruction écologique des zones de production intensive, exige des moyens de transport coûteux, peu efficaces et éventuellement dangereux, et favorise la corruption des décideurs par des groupes industriels géants dont la seule motivation est le profit. Un tel système ne cherchera jamais à satisfaire les critères de qualité de la vie pour tous les vivants, et sera par définition incapable d'assurer une tranquillité pour l'avenir, celle-ci exigeant l'absence de nuisances, de risques de destruction massive et de mainmise au profit de quelques-uns.

Il est plus que jamais nécessaire, devant la catastrophe écologique qui s'annonce, de prendre conscience que ni les États et leurs conventions internationales ni le capitalisme dit « vert » n'arriveront à enrayer le processus destructeur qu'ils ont eux-mêmes enclenché. Tout au plus pourront-ils gérer la nouvelle rareté des ressources par un renforcement de leur concentration profondément inégalitaire, appuyée par un recours toujours plus fréquent aux appareils répressifs, comme nous le voyons déjà dans les régions du monde où des populations sont violemment réprimées parce qu'elles essaient de défendre un autre mode de vie face aux mégaprojets imposés par les consortiums étatico-industriels.

Une fois admis que les structures économiques et politiques sont indissociablement liées et qu'une société écologique est impossible sans un changement radical d'organisation politique, le municipalisme libertaire se présente comme le moyen le plus efficace de reprise en mains de ce pouvoir par des populations lucides, informées et égalitaires. Bookchin a probablement raison d'insister sur le fait que le pouvoir dont il faut s'emparer est proprement politique et que l'autogestion des activités économiques et sociales ne suffirait pas. Il est important, en effet, si l'on vise la liberté de tous les individus, de maintenir la distinction entre la sphère publique et la sphère privée, ou, pour le dire de manière plus complexe avec Castoriadis, entre la sphère publique-publique et la sphère publique-privée. Cette dernière correspond à l'*agora* grecque : elle concerne l'activité économique réalisée en collectivités spontanées, ainsi que la vie associative dans des domaines aussi divers que la culture, les sports, les voyages. Sa structure est mouvante et faite de multiples initiatives en fonction des désirs et des compétences des personnes librement associées.

La sphère publique-publique correspond à l'*ekklesia*, c'est-à-dire à l'assemblée réunissant l'ensemble des membres d'une communauté géographique, quelles que soient les activités et spécialités de chacun, pour prendre les décisions qui engagent la collectivité entière, par exemple l'aménagement de l'espace, les types d'activités encouragées ou prohibées, les rapports avec les autres communautés. Certains courants libertaires doutent de l'utilité de cette instance proprement politique et en appellent à une révolution exclusivement sociale, la politique étant pour eux nécessairement oligarchique et autoritaire. Bookchin leur répond que, si l'on veut garantir la durabilité de la nouvelle organisation et empêcher que les différences individuelles entraînent des inégalités lors des prises de décision, il est indispensable d'instituer formellement le pouvoir délibératif et de fixer son fonctionnement par une sorte de constitution, tout en laissant, bien entendu, la voie ouverte aux modifications qui pourraient être jugées nécessaires.

L'insistance sur la nécessité d'instituer une alternative politique est probablement le trait le plus original de l'écologie sociale et de son versant politique, le municipalisme libertaire. Biehl et Bookchin montrent bien que, sans cette institution politique, toute transition vers d'autres formes de production, d'habitat ou de relations est vouée à rester au mieux marginale : tolérée par le système dominant tant qu'elle ne le concurrencera pas sérieusement, récupérée par lui lorsqu'il aura besoin d'idées nouvelles à vendre, et impitoyablement détruite si elle se développe au point de menacer ses intérêts. Il nous faut donc agir constamment sur les deux fronts : construire des alternatives locales, écologiques et antiautoritaires, et investir le champ politique, qui seul pourra leur assurer une pérennité.

On peut se demander (on n'a pas manqué de le faire) si le processus proposé par Bookchin pour parvenir à long terme à une fédération de municipalités libertaires est réalisable dans l'état actuel des législations nationales. Ce programme suppose en effet une large autonomie des pouvoirs locaux par rapport aux États, ce qui est loin d'être généralisé à l'échelle mondiale. L'État du Vermont, où une expérience de municipalisme libertaire a été tentée, dispose d'une constitution exceptionnellement favorable à cet égard, mais déjà dans d'autres États des États-Unis les premières étapes du processus auraient été illégales et donc plus rapidement empêchées. Que dire alors des États considérablement plus centralisés que l'on trouve, par exemple, en Europe ? Dans quel pays les communes ont-elles encore leur propre charte modifiable à leur gré ? Quel maire aurait le pouvoir de transférer les prérogatives du conseil municipal vers des assemblées citoyennes autoconstituées, sans que cette décision soit immédiatement annulée à l'échelon supérieur ? Ce n'est pas un hasard si les réalisations effectives de municipalisme autonome que l'on observe actuellement sur d'autres continents, depuis l'insurrection zapatiste jusqu'au tout récent mouvement pour la libération du Kurdistan, se construisent en contournant les institutions politiques locales et non en s'en emparant.

Il n'importe : la force de l'exemple ne réside pas dans sa capacité à être reproduit tel quel, mais dans sa capacité à susciter des innovations comparables, adaptées à chaque situation. Chaque constitution nationale doit être étudiée afin qu'on y découvre les brèches dans lesquelles peut s'introduire un pouvoir politique parallèle, qui resterait dans la légalité aussi longtemps qu'il n'est pas assez puissant pour affronter les forces étatiques. En outre, comme le soulignent Biehl et Bookchin, la discussion en assemblées politiques, même sans effet immédiat sur les réglementations en vigueur, est une formidable *paideia*, cette éducation pratique dont Aristote faisait le fondement du régime des citoyens, cet apprentissage de la parole argumentée, de la délibération sur les avantages et les inconvénients des diverses options, de la responsabilité qui accompagne la liberté. Certes, il n'y a rien de plus démotivant que de délibérer à vide, à propos de questions sur lesquelles nous n'avons aucune prise. Les consultations de citoyens convoquées par les autorités l'illustrent bien : dès que l'on a compris qu'elles ne servent que d'écran pour des décisions prises ailleurs, tout le monde s'en désintéresse. En revanche, rien n'empêche de commencer par délibérer sur des sujets liés à la vie quotidienne d'un quartier ou d'une association dédiée à une activité collective d'utilité publique, et de se former ainsi à l'auto-organisation, en attendant que le mouvement s'étende et prenne des forces pour passer à une phase plus ambitieuse.

L'autonomie politique, cet état enfin adulte de l'humanité, comme le disait Kant, est un plaisir multiple à découvrir : le plaisir de sortir de l'infantilisation, celui de se libérer de l'esclavage des marchandises et du travail qu'on y consacre, celui de redécouvrir les activités dignes d'une vie humaine. Qu'est-ce qu'une vie, en effet, au cours de laquelle toute l'intelligence, la force et la créativité de l'individu ne s'exercent qu'au service d'une production illimitée de biens répondant à des besoins artificiellement créés, dans une complète dépossession quant au choix des fins et des moyens ? L'autonomie individuelle, ce processus par lequel l'individu prend conscience de son aliénation, découvre ses aspirations propres et se donne les moyens de les réaliser, est inséparable de l'autonomie politique, qui libère les activités intellectuelles, artistiques, sportives, de leur subordination à l'économie et leur permet de se développer librement, pour la qualité du plaisir qu'elles procurent. Janet Biehl nous aide à ancrer la quête de l'autonomie politique dans la meilleure part de notre héritage historique, à anticiper toutes les difficultés qui ne manqueront pas d'accompagner ce long processus, et surtout à retrouver l'énergie et l'enthousiasme sans lesquels il n'est pas de changement radical possible.

ANNICK STEVENS
Professeure de philosophie en université populaire
à Marseille, spécialiste des philosophes grecs,
notamment d'Aristote

Préface à la première édition

Même si nous vivons dans une grande ville, toutes et tous nous souhaitons un milieu de vie agréable. Nous cherchons à satisfaire un certain nombre de besoins dans notre entourage immédiat ou à proximité. C'est souvent ce qui détermine la notion de communauté locale pour la majorité des citoyennes et des citoyens, et ce qui façonne l'ensemble des rapports sociaux qu'entretiennent les gens. Or ce tissu de relations que tentent de maintenir, de modifier ou de construire les citoyennes et les citoyens dans leur milieu est quotidiennement battu en brèche par les pouvoirs de domination politiques et économiques. Ce sont les milieux de vie qui sont le plus directement affectés, et dans ces milieux les personnes les plus vulnérables — celles qui souvent n'ont d'autre choix que les ressources humaines ou communautaires locales pour assurer leur survie matérielle et morale — sont de plus en plus marginalisées par les brisures sociales.

Les repères d'identité territoriale que les résidantes et les résidants des villes, des villages, des quartiers, des pâtés de maisons, du voisinage trouvent si importants pour le maintien mais aussi pour le développement des communautés locales sont mis à rude épreuve par les effets de la centralisation des pouvoirs institutionnels. Mais depuis que, ici même à Montréal, la mondialisation de l'économie est devenue le bréviaire du « gratin de ce monde », y compris des politiciennes et politiciens municipaux qui ne jurent que par le « Montréal international », les communautés locales sont littéralement assiégées et font face à la désintégration. Le libéralisme économique et ses valeurs de concurrence et de domination, soutenus par les institutions étatiques, minent complètement les possibilités de développement de la vie collective, communautaire et associative à l'échelon local. Ils compromettent les chances, déjà minces, de créer des rapports sociaux égalitaires.

Nous sentons que les moyens de résister efficacement à ces agressions, qui se font ouvertement, nous échappent de plus en plus. Nous voyons le pouvoir étatique, hier encore susceptible de nous protéger, jouer le jeu du laisser-faire, sans que nous puissions nous forger une véritable capacité de résistance et un contre-pouvoir. Les politiciennes et les politiciens parlent de décentralisation, mais nous savons intuitivement, et parfois très consciemment, que c'est pour mieux gérer les transformations structurelles que le développement économique mondial impose aux gouvernements nationaux que nos élites politiques cautionnent et encouragent ces tendances à une prétendue décentralisation. Comment résister ? Comment retourner contre les agresseurs les notions et les idées de la décentralisation qui nous permettraient de rebâtir nos communautés dévastées et, surtout, de créer de nouvelles institutions politiques sous le contrôle des citoyennes et des citoyens ?

C'est de ces possibilités que traite le livre de Janet Biehl. En résumant admirablement la pensée de l'écologiste américain Murray Bookchin, elle nous propose, à travers le projet du municipalisme libertaire, un guide pratique pour la mise en application des idées du philosophe du Vermont et des actions à entreprendre pour que les citoyennes et les citoyens reprennent en main, dans leurs villes, leurs quartiers et leurs villages, le pouvoir d'organiser leur vie afin d'en arriver à une société où chacun puisse s'épanouir dans le respect mutuel et l'harmonie avec la nature.

Le milieu de vie saisi dans sa globalité — c'est-à-dire le lieu de résidence, les coopératives d'habitation ou de consommation, la bibliothèque locale, la piscine municipale, la maison de la culture, le dépanneur du coin ou le coiffeur, l'école de quartier, la clinique médicale communautaire, la garderie populaire, le lieu de travail parfois, etc. — ce milieu de vie complet, composé d'espaces où peut s'organiser la résistance à la décomposition sociale, doit se transformer en outil potentiel et réel pour la recomposition d'un pouvoir populaire. Nombre de citoyennes et de citoyens sont très sensibles à la protection et à l'amélioration de leur milieu de vie, dans leur quartier. Pourquoi alors ce milieu ne deviendrait-il pas un lieu privilégié pour la reconquête de la démocratie, sa radicalisation, et peut-être davantage : un lieu unique de transformation sociale profonde ? Pourquoi ne pas faire de la communauté locale l'espace où pourraient s'inventer de nouvelles institutions politiques et sociales, contrôlées par les citoyennes et les citoyens, à partir desquelles de nouveaux rapports entre communautés locales et régionales pourraient se tisser et où la notion de décentralisation aurait une signification tout autre que celle qu'on prétend instituer aujourd'hui sur le territoire québécois ? C'est le rôle que pourraient jouer les assemblées publiques que préconise Janet Biehl afin de redonner toute leur valeur éducative aux débats et aux discussions politiques « face à face » sur des enjeux locaux.

Nous n'avons pas d'autre choix que celui de résister, et c'est ce que comprennent des dizaines de communautés locales au Québec qui font face à la perte de services essentiels (bureau de poste, école, CLSC, etc.), à cause de la « rationalisation » de l'économie. C'est l'existence même de plusieurs d'entre elles qui est en jeu. Ces milliers de petites initiatives locales qui cherchent à contrer le phénomène menant à la désintégration sociale recèlent une puissante volonté de résistance. Mais cette résistance se mue rarement en solution de remplacement politique ou en de nouvelles formes de contre-pouvoir. Il faudra bien un jour y arriver, pourtant.

C'est dans ce but que Janet Biehl insiste, dans ce livre, pour que se regroupent des individus au sein d'un mouvement municipaliste libertaire, identifié comme tel dans la communauté, et dont la dimension éducative serait au cœur de l'action politique. Cette conception de l'organisation politique locale rejoint mes propres préoccupations et une grande partie de ma pratique politique dans mon quartier. Le municipalisme libertaire que nous propose Janet Biehl vient appuyer ma conception qui veut faire du lieu principal de notre vie, de notre quartier ou de notre communauté, le site de la résistance à la domination, mais aussi celui de la mise en place parallèle, ou simplement de la reconquête, d'institutions locales qui pourraient agir, d'une part, comme contre-pouvoir à celui de l'État et des autres instances hiérarchiques et, d'autre part, comme outils de développement et d'émancipation sociale, politique, économique et culturelle. Devant la naissance d'un contre-pouvoir et la mise en place d'institutions de remplacement, l'État réagira afin d'étouffer la montée du pouvoir populaire. En prévision de ce combat, l'auteure insiste fortement sur la nécessité d'armer le peuple. Ici, il me faut émettre une réserve importante. Janet Biehl ne manque pas, dans son avant-propos, de nous rappeler qu'elle appartient à la culture des États-Unis et que chacun doit comprendre le municipalisme libertaire à travers le prisme de sa propre culture. Les Québécois que nous sommes ont appris, depuis 240 ans que nous résistons à l'assimilation, que « patience et longueur de temps font plus que force ni que rage ». La non-violence fait partie de nos mœurs, et même si nous avons, nous aussi, cédé à l'occasion à la tentation de la lutte armée, je crois qu'une longue expérience nous dicte la défense active non violente.

Je ne voudrais pas créer l'illusion que la mise en œuvre du municipalisme libertaire serait chose facile. L'apathie quasi générale des citoyennes et citoyens devant le défi du changement est un phénomène bien réel qu'il nous faut combattre. Elle est entretenue sciemment par des forces sociales, politiques et économiques en grande partie étrangères à nos réalités sociales, qui trouvent là un terrain propice pour continuer à se partager le pouvoir et les profits. Mais à tous ceux et celles qui se disent que « nous n'avons pas le choix », qu'il nous faut briser le cercle de la dépendance envers les institutions étatiques et toutes les hiérarchies, ce livre dira qu'il faut agir localement pour développer un projet individuel et collectif de réappropriation de nos vies, projet d'action accessible à toutes et tous.

Parce que j'ai acquis la conviction que l'action sociale et politique à l'échelon local est le socle sur lequel on peut élever un projet politique durable, et parce qu'il me semble possible que les citoyennes et les citoyens puissent, à cet échelon, intervenir directement dans la prise de décisions touchant leur communauté et leur société, j'en suis venu à la conclusion que l'essentiel des initiatives civiques et politiques doivent naître à l'échelon local. Ainsi, l'articulation d'un projet politique fondé sur le municipalisme libertaire, tel que Janet Biehl nous le présente, cadre à merveille avec mon engagement dans les luttes urbaines depuis 25 ans, c'est-à-dire que l'essentiel de l'action se mène à partir de la ville, des quartiers et des villages, et que la philosophie organisationnelle repose sur l'activité des citoyennes et des citoyens, l'autogestion, la démocratie directe et participative.

Comme le définit Janet Biehl, le municipalisme libertaire veut ressusciter la politique dans le sens primitif du terme: la construction et l'expansion de la démocratie directe locale, de telle façon que les simples citoyennes et citoyens puissent prendre les décisions pour leur communauté et pour leur société dans leur ensemble. Tous conviennent que la politique municipale est ce qui est le plus près du citoyen. C'est donc là que doit se concentrer l'action politique. Ce n'est pas — et cela doit être bien compris, nous dit l'auteure — une tentative pour étendre l'engagement des citoyennes et des citoyens dans les processus de l'État dit « démocratique » ou en faveur de la démocratisation de l'État. Il ne s'agit pas, bien sûr, de rejeter les réformes qui peuvent être obtenues dans le cadre étatique (par exemple, l'introduction de la représentation proportionnelle ou le droit d'initiative par les citoyennes et les citoyens); mais ces réformes ne visent pas à changer la société par la radicalisation de la démocratie. Personnellement, je crois que la reprise du contrôle de nos vies, de nos communautés, de l'organisation et des décisions politiques sur les bases de la démocratie directe et participative signifie nécessairement lutter contre l'État et les hiérarchies.

Il faut que les citoyennes et les citoyens, organisés ou non, reprennent l'initiative, radicalisent l'action démocratique et la démocratie elle-même. Ainsi, Montréal ne doit pas devenir un simple lieu d'affaires ou d'amusement pour celles et ceux qui ont les moyens de consommer. Montréal doit demeurer, partout, une ville où il est possible de vivre. Pour cela, il faut que Montréal protège la vie de quartier. Et les seules personnes qui, pour l'essentiel et sans s'isoler du reste du monde, peuvent protéger et améliorer la vie de leur quartier, de leur communauté et, par conséquent, de leur ville, sont celles et ceux qui y habitent, qui y vivent tous les jours. Nous ne pouvons plus remettre notre responsabilité individuelle et collective à une cinquantaine d'élus municipaux qui s'appuient sur un système bureaucratique et technocratique pour faire vivre cette ville. Il faut que, de plus en plus, les citoyennes et les citoyens retrouvent le goût de la citoyenneté active, et ce n'est qu'à l'échelon local que cet apprentissage pourra se faire.

En ce sens, le projet politique du municipalisme libertaire que nous propose ce livre arrive à point pour tous ceux et celles qui n'ont pas cessé de croire que la société peut fonctionner selon une autre logique que celle du capitalisme, de la hiérarchie et de la domination, et qui, malgré la conjoncture, ont conservé l'espoir de reprendre le contrôle de leurs vies. Je suis convaincu qu'il s'agit d'un livre important, car le municipalisme libertaire réussit à proposer un débouché politique concret, une autre conception de la politique municipale, beaucoup plus compatible avec l'esprit de ces milliers de petites initiatives de résistance sociale, économique et culturelle de nos milieux de vie.

MARCEL SÉVIGNY
Conseiller municipal indépendant
Montréal, août 1998

L E MUNICIPALISME LIBERTAIRE, versant politique de l'ensemble d'idées rassemblées sous le nom d'écologie sociale, est l'œuvre longuement méditée du théoricien de l'anarchisme Murray Bookchin. C'est le point culminant de toute une vie de réflexion vouée à la recherche d'une façon de transformer la société de manière radicale, humaine et rationnelle.

Associé dès sa jeunesse (au début des années 1930) à la gauche communiste internationale, Bookchin a consacré sa vie à trouver une solution de rechange à la société capitaliste actuelle, qui empoisonne la nature et réduit la majorité de l'humanité à la misère. Il est connu pour son étude minutieuse de la tradition révolutionnaire européenne et pour avoir introduit l'idée de l'écologie dans la pensée de la gauche. Le premier, il énonça, en 1962, le principe selon lequel une société libératrice ne pouvait être qu'écologique.

Pendant presque toute la durée du XXe siècle, l'existence de l'Union soviétique a posé à la gauche de gigantesques problèmes, notamment en ce que ce pays semblait marier 100 ans d'aspirations révolutionnaires à une société meilleure avec un système barbare fait de totalitarisme, de goulags et d'exécutions en masse. Le coup infligé par cette mésalliance fut tel que la gauche en vacille encore. Comme ses camarades, Bookchin dut se colleter au problème consistant à sauver la tradition de la gauche de la profanation stalinienne. Il a quitté le mouvement communiste encore jeune, vers 1935, et depuis il n'a jamais cessé de critiquer la vulgate marxiste et d'en dénoncer l'autoritarisme, l'instrumentalisme et l'absence d'éthique. Mais son éloignement personnel du mouvement communiste n'a pas signifié pour autant l'abandon du projet révolutionnaire ; au contraire, Bookchin s'est attaché à penser celui-ci en termes libertaires, s'appuyant sur ce qu'il avait trouvé de meilleur dans les traditions anarchiste et marxiste pour créer une synthèse unique à laquelle il a donné le nom d'écologie sociale. La société qu'il envisage éliminerait non seulement le capitalisme mais également l'État-nation, non seulement les classes mais aussi la hiérarchie, non seulement l'exploitation mais encore la domination, et cela ferait d'elle une option rationnelle et écologique.

Si Bookchin a tiré du marxisme une critique du capitalisme, c'est dans la tradition anarchiste qu'il a puisé ses idées sur le communalisme, l'antiétatisme et le confédéralisme. Pour autant, l'anarchisme n'échappe pas à sa critique. Contrairement à beaucoup d'anarchistes de tendance individualiste, Bookchin n'est pas l'ennemi des institutions en tant que telles. La liberté conçue en termes purement personnels et qui ne s'incarne dans aucune institution, soutient-il, sombre dans la complaisance narcissique. Une société favorisant à la fois la liberté individuelle et la liberté sociale doit reposer fermement sur des institutions elles-mêmes libératrices. Elle doit fournir la structure qui permettra aux citoyens de diriger collectivement leurs propres affaires. La question n'est donc pas de savoir si une société doit avoir des institutions, mais bien lesquelles elle doit avoir.

Un élément essentiel du projet de Bookchin fut d'identifier les « formes de liberté » révolutionnaires qui donnent à l'idée de liberté une armature organisationnelle. Après des décennies de recherches historiques et d'engagement politique, il commença à écrire sa théorie du municipalisme libertaire en 1972.

En résumé, le municipalisme libertaire entend revitaliser les possibilités démocratiques présentes de façon latente dans les gouvernements locaux existants, et transformer ceux-ci en démocraties directes. Le but est de décentraliser ces communautés politiques de manière à ce qu'elles retrouvent une échelle humaine et soient adaptées à leur environnement naturel. Il s'agirait donc de restaurer les pratiques et les qualités de la citoyenneté afin que les femmes et les hommes prennent collectivement la responsabilité de la conduite de leurs propres communautés, suivant une éthique du partage et de la coopération, plutôt que de s'en remettre à des élites. Lorsqu'on aura créé ces démocraties directes, les municipalités démocratisées pourront être réunies dans des confédérations capables de s'attaquer enfin au capitalisme et à l'État-nation, pour aboutir à une société anarchiste, écologique et rationnelle.

Les idées de Bookchin influencèrent divers mouvements populaires aux États-Unis et en Europe lorsqu'elles parvinrent à maturité à la fin des années 1970 et au début des années 1980. Leur pertinence est encore plus grande aujourd'hui, car, paradoxalement, l'effondrement de l'Union soviétique, même si celle-ci avait profané la tradition révolutionnaire, a semé le désarroi dans la gauche et suscité la quête d'une nouvelle direction, d'une nouvelle voie pour rendre le pouvoir au peuple dans une société émancipatrice.

Mais ce n'est pas seulement la gauche actuelle que les idées de Bookchin interpellent. Aux États-Unis, un large éventail de penseurs constatent aujourd'hui l'éviscération de la sphère civique. À gauche, au centre et même à droite, on déplore le déclin de la vie communautaire et de la participation à la vie civique. Sur ce sujet aussi, l'approche municipaliste de Bookchin apporte l'éclairage de la gauche radicale. Enfin, à l'échelle du globe, le capital transnational a créé un marché gigantesque où une petite minorité moissonne des profits incalculables en plongeant la majorité dans la pauvreté et le désespoir, en rayant de la carte les sociétés traditionnelles et en empoisonnant la biosphère. Le municipalisme libertaire de Bookchin pense les institutions qui auraient le pouvoir de stopper les ravages de ce système exploiteur et biocide.

À ce jour, malheureusement, les écrits de Murray Bookchin sur le municipalisme libertaire n'ont pas reçu l'attention qu'ils méritent, peut-être, entre autres, parce qu'ils demeurent peu accessibles. Plusieurs articles sont parus dans des périodiques à diffusion restreinte, et le livre *From Urbanisation to Cities*, si riche du point de vue historique et théorique, constitue une somme suffisamment imposante pour rebuter bien des lecteurs.

Depuis quelque temps, je me disais qu'il nous fallait une présentation succincte du municipalisme libertaire afin d'en rendre les idées plus accessibles, d'où la présente introduction. Je n'ai tenté ni d'interpréter, ni d'analyser, ni d'évaluer le municipalisme libertaire. Mon but est simplement d'offrir un synopsis clair de ses aspects fondamentaux, tels que les a conçus Bookchin, en esquissant le contexte historique dans lequel ce dernier a formulé ses idées. J'ai aussi tenté de donner quelques pistes pratiques pour l'organisation d'un mouvement municipaliste libertaire. Mais j'insiste : les idées exposées dans ces pages sont celles de Bookchin ; seule leur articulation est mienne. Lors de l'entretien reproduit dans la seconde partie de cet ouvrage, j'ai posé à Bookchin quelques-unes des questions qui reviennent le plus fréquemment lorsqu'on discute de ses idées.

Je suis reconnaissante envers Murray Bookchin pour son soutien à ce projet et pour cet entretien. Il a lu le manuscrit et l'a commenté, ce qui l'a énormément enrichi. Cindy Milstein et Gary Sesco ont aussi lu un premier jet et m'ont fait de précieuses suggestions, ce dont je les remercie du fond du cœur. Dimitri Roussopoulos, de Black Rose Books, a droit à toute ma gratitude pour son soutien sans faille.

J'ai tenté de présenter les idées du municipalisme libertaire le plus simplement possible, en pensant aux lecteurs qui les rencontreraient pour la première fois. Les écrits de Bookchin contiennent des nuances philosophiques et historiques absentes ici. Ceux et celles qui souhaitent en apprendre davantage se référeront à la bibliographie en fin de volume. Ce livre ne prétend absolument pas se substituer à l'œuvre de Bookchin ; ce n'est rien d'autre qu'une brève introduction à ses écrits.

Je souhaite que le municipalisme libertaire devienne une pierre de touche dans la résurrection de la gauche à l'heure de son désarroi. Je crois que ses idées pourraient profiter à la gauche du monde entier. Ma présentation, inévitablement, sera marquée par la culture dans laquelle je vis et j'écris ; j'espère néanmoins que les lecteurs et lectrices de l'extérieur des États-Unis sauront interpréter les grands principes du municipalisme libertaire dans le contexte de leur propre culture.

JANET BIEHL
Burlington (Vermont)
27 novembre 1996

PREMIÈRE PARTIE

Chapitre premier

Les deux politiques

Le municipalisme libertaire est une des nombreuses théories politiques qui s'intéressent aux principes et à la pratique de la démocratie. Contrairement à la plupart de ces théories, cependant, il n'accepte pas la convention selon laquelle l'État et les systèmes de gouvernement aujourd'hui typiques des pays occidentaux sont véritablement démocratiques. Le municipalisme libertaire les considère plutôt comme des États républicains ayant des prétentions démocratiques.

Bien sûr, puisqu'ils possèdent diverses institutions représentatives, ils sont plus « démocratiques » que d'autres formes d'État telles que la monarchie et la dictature. Mais ce n'en sont pas moins des États, de grandes structures de domination où quelques personnes régentent tous les autres. Un État, par sa nature même, est structurellement et professionnellement séparé de l'ensemble de la population; en fait, il est placé au-dessus des simples citoyens. Il exerce le pouvoir sur eux et prend des décisions qui affectent leur vie. En dernière instance, son pouvoir repose sur la violence, dont il s'est arrogé le monopole légal avec l'armée et la police. Dans une structure où le pouvoir est distribué si inégalement, la démocratie est impossible. Loin d'incarner le gouvernement par le peuple, même un État républicain est incompatible avec lui.

Le municipalisme libertaire propose une démocratie qui n'est pas simplement le cache-sexe du gouvernement par l'État. Sa démocratie est directe, c'est-à-dire que les citoyens, dans leur communauté, dirigent leurs affaires au moyen de délibérations et de prises de décision faites en présence les uns des autres, au lieu que l'État le fasse pour eux.

Contrastant avec les théories de la « démocratie » représentative, le municipalisme libertaire fait une nette distinction entre la politique (*politics*) et l'exercice du pouvoir (*statecraft*). Dans leur sens traditionnel, bien sûr, ces deux notions sont presque interchangeables. La politique comme on la conçoit couramment est une composante essentielle des systèmes de gouvernement représentatifs. C'est l'ensemble des procédures et des pratiques par lesquelles le « peuple » choisit un petit groupe d'individus (les politiciens) pour être ses porte-parole et le représenter au sein d'un corps législatif ou exécutif.

Ces politiciens, dans la politique telle qu'on la connaît, sont affiliés à des partis censés être des associations de personnes qui épousent un programme ou une philosophie politique. En théorie, ils font la promotion du programme et de la philosophie de leur parti. Quand approche une élection visant à combler un poste de gouvernement, les différents partis présentent des politiciens comme candidats et, à l'aide de nombreux consultants, ils mènent une campagne électorale visant à persuader les citoyens de voter pour eux. Chaque parti vante son propre candidat comme étant le mieux indiqué pour le poste et dénigre ceux de ses adversaires. Pendant la campagne, les candidats expriment leurs positions respectives sur les questions importantes de l'heure, ce qui révèle leurs divergences, de sorte que les électeurs peuvent saisir tout l'éventail des choix offerts.

Avec un peu de chance, les électeurs (maintenant devenus un « corps électoral ») réfléchissent aux problèmes et considèrent calmement les positions de chaque candidat avant de faire leur choix. Les candidats dont les positions s'accordent le mieux avec celles de la majorité sont récompensés par l'obtention du poste qu'ils convoitent. Pénétrant dans les couloirs du gouvernement, ces nouveaux élus, dit-on, vont travailler d'arrache-pied pour ceux qui ont voté pour eux (et qui portent maintenant un autre nom, ce sont des « commettants »). Les élus respectent scrupuleusement les engagements qu'ils ont pris pendant la campagne électorale, du moins c'est ce qu'on nous dit. Quand ils se prononcent sur une loi ou prennent des décisions, ils défendent avant tout les points de vue de leurs commettants. Résultat: les lois, les décrets et les règlements reflètent la volonté de la majorité des citoyens.

Tout lecteur sensé aura déjà compris que ce tableau n'est qu'une illusion, et son caractère « démocratique » une chimère. Loin d'incarner la volonté du peuple, les politiciens sont des professionnels dont les intérêts carriéristes dépendent de l'obtention du pouvoir par l'élection ou la nomination à un poste. Pendant leurs campagnes électorales, qui ne portent que partiellement ou même très superficiellement sur les préoccupations des hommes et des femmes ordinaires, le plus souvent ils se servent des médias de masse pour influencer et manipuler ces préoccupations, ou même pour en créer de toutes pièces afin de détourner l'attention. La nature manipulatrice de ce système apparaît de façon particulièrement flagrante aux États-Unis, où les campagnes électorales récentes, financées par de puissants intérêts, mettent de plus en plus l'accent sur des sujets insignifiants mais émotionnellement explosifs, détournent l'attention de l'« électorat » et masquent les problèmes de fond qui affectent réellement la vie de celui-ci. Les programmes des candidats sont de plus en plus insipides et, tout le monde le reconnaît, ils ont de moins en moins de rapport avec le comportement qu'adoptera le candidat une fois élu.

En effet, une fois en poste, les politiciens renient très volontiers leurs promesses électorales. Au lieu de s'occuper des besoins de ceux qui ont voté pour eux ou de faire avancer les politiques qu'ils ont défendues, ils trouvent souvent plus avantageux de servir les intérêts financiers qui sont prêts à faire mousser leur carrière. D'énormes sommes d'argent sont nécessaires pour mener une campagne électorale, et, par conséquent, les candidats dépendent des gros donateurs pour se faire élire. À des degrés divers, ceux qui sont élus pour représenter la population finiront par soutenir des politiques qui protègent les intérêts des riches déjà établis plutôt que ceux du groupe qu'ils sont censés représenter.

Si les politiciens font ces choix, ce n'est pas parce qu'ils sont « méchants »; de fait, plusieurs sont entrés dans la vie publique par idéalisme. Ils le font parce qu'ils sont pris dans un système de pouvoir dont les impératifs en sont venus à les gouverner. Ce système, disons-le simplement, c'est l'État lui-même, dominé par la puissance de l'argent. En fonctionnant dans le cadre de ce système, les politiciens en partagent bientôt les buts, qui sont d'assurer le monopole du pouvoir à une élite de professionnels et de protéger et promouvoir les intérêts des riches, et non de rendre la multitude autonome et de redistribuer la richesse.

De leur côté, les partis politiques auxquels les « politiciens » sont affiliés ne sont pas nécessairement des regroupements de nobles citoyens partageant certaines opinions politiques. Essentiellement, ce sont des structures hiérarchisées, des bureaucraties qui cherchent à s'approprier le pouvoir d'État par l'entremise de leurs candidats. Leurs préoccupations principales sont les exigences pratiques des luttes de pouvoir et de la mobilisation, et non le mieux-être des électeurs du parti, si ce n'est en paroles, en vue d'attirer des votes. Mais ces partis politiques ne sont nullement des expressions du corps politique formé par les citoyens. Loin d'incarner la volonté de ceux-ci, les partis fonctionnent précisément pour réfréner le corps politique, pour le contrôler et le manipuler — en fait, pour l'empêcher de développer une volonté indépendante.

Quelle que soit la concurrence entre les partis, quelles que soient les divergences réelles qu'ils puissent avoir sur des questions précises, tous renforcent la légitimité de l'État et fonctionnent à l'intérieur de ses paramètres. Le parti qui n'est pas au pouvoir n'est rien d'autre qu'un gouvernement fantôme qui attend son tour.

Affirmer qu'un tel système définit ce qu'est la politique n'aurait guère de sens ; il s'agit plutôt de politique politicienne, l'art de prendre et d'exercer le pouvoir d'État (*statecraft*). Professionnalisé, manipulateur et immoral, ce système de gouvernement des masses par une élite usurpe l'identité de la démocratie et travestit les idéaux démocratiques auxquels il rend cyniquement hommage lors d'appels périodiques à l'« électorat ». Loin d'habiliter ou d'autonomiser la population, ce système présuppose l'abdication généralisée du pouvoir par les citoyens. Il les réduit au statut de « contribuables », d'« électeurs » et de « commettants », comme s'ils étaient trop immatures ou incompétents pour s'occuper eux-mêmes des affaires publiques. On attend d'eux qu'ils soient passifs et qu'ils laissent les élites s'occuper de leur bien-être. Ils doivent participer à la « politique » les jours d'élection, quand le « taux de participation » donne de la légitimité au système lui-même, et bien sûr au moment de payer les impôts qui le financent. Le reste de l'année, les maîtres de l'art du pouvoir préfèrent que le peuple s'occupe de ses affaires privées et oublie l'activité des politiciens. En effet, quand les gens secouent leur passivité et commencent à prendre un intérêt actif à la vie politique, ils peuvent causer des problèmes à l'État en attirant l'attention sur le décalage entre la réalité sociale et sa rhétorique.

La politique comme démocratie directe

Bien que l'usage les ait rendus interchangeables, la politique n'est en rien assimilable à l'art du pouvoir, et l'État n'est pas le domaine naturel où elle s'exerce. Au cours des siècles passés, avant l'émergence de l'État-nation, la politique signifiait l'activité des citoyens au sein d'un corps public, exerçant le pouvoir grâce à des institutions partagées et participatives. Au contraire de l'État, la politique, telle qu'elle a déjà été et telle qu'elle pourrait redevenir, est directement démocratique. Dans la forme que propose le municipalisme libertaire, c'est la gestion directe des affaires communautaires par les citoyens en personne au sein d'institutions participatives, notamment les assemblées populaires.

Dans la société de masse d'aujourd'hui, la possibilité que le peuple gère un jour ses propres affaires dans de telles assemblées peut sembler terriblement mince. Et pourtant, les périodes de l'histoire où les gens le faisaient sont bien plus près de nous qu'on pourrait le croire. La démocratie directe était au cœur de la tradition politique que les sociétés occidentales prétendent chérir ; elle est sa source même. Car la tradition politique démocratique ne commence pas avec l'État-nation, mais dans la démocratie participative de l'antique Athènes, vers le milieu du ve siècle avant l'ère chrétienne. La politique telle que l'a décrite Aristote signifiait à l'origine « démocratie directe » ; le mot *politique* lui-même dérive de *polis*, terme grec (souvent mal traduit par « cité-État ») désignant la dimension participative et publique d'une communauté.

Dans la *polis* athénienne, la démocratie directe a atteint un degré remarquable. Pendant l'une des périodes les plus fascinantes de l'histoire européenne et même mondiale, entre le VIIIe et le Ve siècle avant notre ère, les hommes d'Athènes et leurs porte-parole tels que Solon, Clisthène et Périclès (trois renégats de l'aristocratie) démembrèrent graduellement le système féodal traditionnel qui existait depuis le temps d'Homère et créèrent des institutions qui ouvraient la vie publique à tous les hommes adultes d'Athènes. Le pouvoir cessa d'être la prérogative d'une petite caste aristocratique et devint plutôt l'activité du citoyen. À son apogée, le corps public d'Athènes comprenait probablement quelque 40 000 citoyens adultes de sexe masculin. (Malheureusement, il excluait de toute participation politique les femmes, les esclaves et les résidants étrangers, parmi lesquels figurait Aristote lui-même.)

La conception de la vie politique de l'Athènes antique offre un contraste frappant avec celle à laquelle sont aujourd'hui habitués la plupart des citoyens des « démocraties » occidentales. De nos jours, nous considérons presque toujours les individus comme des êtres essentiellement privés qui trouvent parfois nécessaire ou utile d'entrer dans la vie publique, peut-être même à leur corps défendant, de manière à protéger ou à favoriser leurs intérêts privés. Selon l'opinion courante, la participation politique est un fardeau (habituellement) déplaisant mais néanmoins inévitable, qu'il faut supporter avec stoïcisme avant de retourner à sa « vraie vie » dans la sphère privée.

Les Athéniens de l'Antiquité pensaient au contraire que les hommes adultes sont des êtres intrinsèquement politiques, qu'il est dans leur nature même de socialiser les uns avec les autres pour organiser et gérer leur vie communautaire. Bien que la nature humaine ait des facettes publiques et privées, sa marque distinctive reposait selon eux dans l'élément politique. Par conséquent, en tant qu'êtres politiques, les hommes grecs ne pouvaient s'accomplir entièrement à moins de participer à la vie communautaire organisée ; sans leur participation, il n'y avait pas de vie communautaire, pas de communauté organisée — et donc pas de liberté.

Contrairement aux professionnels qui aujourd'hui gèrent les citadelles de l'État et se livrent aux machinations du pouvoir, les Athéniens de l'Antiquité maintenaient un système d'auto-gouvernement dont le caractère amateur était délibéré. Ses institutions — particulièrement les réunions quasi hebdomadaires de l'assemblée des citoyens et le système judiciaire aux énormes jurys — rendaient possible une participation politique générale et continuelle. La plupart des postes civiques étaient remplis par tirage au sort et fréquemment alternés. C'était une communauté dans laquelle les citoyens étaient considérés comme capables non seulement de se gouverner eux-mêmes, mais encore d'assumer un poste quand le sort les y appelait.

La démocratie directe d'Athènes déclina dans la foulée de la guerre du Péloponnèse. Sous l'Empire romain et après, l'idée de démocratie directe devint de plus en plus mal vue parce qu'on en fit l'équivalent du « règne de la populace », surtout dans les écrits des théoriciens et des auteurs au service d'un maître impérial, royal ou ecclésiastique. Mais la notion de politique comme autogestion populaire ne s'est jamais totalement éteinte : l'idée et sa réalité ont persisté pendant les siècles qui séparent ces époques de la nôtre. Dans bien des communes de l'Europe médiévale, dans la Nouvelle-Angleterre coloniale et le Paris révolutionnaire, parmi tant d'autres lieux, les citoyens se réunissaient pour discuter de la communauté dans laquelle ils vivaient et pour la diriger. Évidemment, les papes, les princes, les rois ont souvent surimposé des structures de pouvoir, mais à l'échelon local, dans les villages, les villes et les quartiers, les gens ont contrôlé une grande partie de leur vie communautaire jusque tard dans l'ère moderne.

(Disons tout de suite qu'on ne trouve pas dans l'histoire d'exemple de démocratie directe idéale. Tous les cas les plus notables, y compris celui de l'antique Athènes, sont gravement entachés d'un élément patriarcal et d'autres formes d'oppression. Néanmoins, on peut sélectionner les meilleurs éléments de ces exemples et les réunir en un régime politique qui ne serait ni parlementaire, ni bureaucratique, ni centralisé, ni professionnalisé, mais qui serait proprement démocratique.)

Là, à la base de la société, de riches cultures politiques s'épanouissaient. Les discussions publiques quotidiennes bouillonnaient dans les parcs, au coin des rues, dans les écoles, les cafés, les clubs, partout où le hasard réunissait les gens. Bien des petites places dans les villes de l'Antiquité, du Moyen Âge et de la

Renaissance étaient des lieux où les citoyens s'assemblaient spontanément, discutaient de leurs problèmes et adoptaient une ligne de conduite. Ces cultures politiques vivantes touchaient aux aspects culturels autant qu'à ceux qui étaient purement politiques : elles s'accompagnaient de rituels civiques, de festivals, de célébrations et d'expressions partagées de joie et de deuil. Dans les villages, les villes, les quartiers et les cités, la participation politique était un processus autoformateur au sein duquel les citoyens, parce qu'ils étaient habilités à gérer leur communauté, développaient non seulement un fort esprit de corps politique, mais aussi une riche identité personnelle.

Recréer la politique

Avec la montée et la consolidation des États-nations, le pouvoir centralisé commença à étouffer cette participation publique, en assujettissant au contrôle de l'État même les localités éloignées et en mettant fin à l'autonomie dont elles avaient joui jusque-là. Au début, cette invasion fut menée au nom de monarques se réclamant du droit divin. Après que le concept de démocratie fut devenu l'objet d'une aspiration populaire passionnée au début du XIXe siècle, les bâtisseurs des États républicains se l'approprièrent pour donner un vernis à leurs institutions « représentatives » — les Parlements et les Congrès — et, en même temps, ils s'en servirent comme d'un manteau pour dissimuler leur nature élitiste, paternaliste et coercitive, tant et si bien qu'on réfère sans l'ombre d'une objection aux États-nations actuels comme à des « démocraties ». Avec l'apparition de l'État-providence, le pouvoir de l'État — tout autant que son acceptabilité pour ceux qui ne se méfient pas — s'est encore agrandi, s'arrogeant bien des fonctions sociales qui relevaient autrefois de la communauté elle-même.

Et pourtant, presque partout dans le monde européen et nord-américain, la vie politique à l'échelon local est demeurée vivante, jusqu'à un certain point. Bien sûr, la démocratie directe n'existe plus au sens que lui avait donné l'antique Athènes. Mais même dans les communautés qui ont été dépouillées de ces pouvoirs dont elles étaient si fières, des arènes politiques formelles et informelles continuent d'exister comme lieux de décision participatifs : associations civiques, assemblées de citoyens, forums, initiatives portant sur des problèmes particuliers, et ainsi de suite. C'est dire que, même si la démocratie directe n'existe plus, des sphères publiques locales perdurent.

Mais ces restes des sphères publiques sont eux-mêmes battus en brèche, car des forces sociales plus grandes rongent la vie de quartier et communautaire. Les pressions économiques forcent les gens à passer une part croissante de leur temps à gagner leur pain, ce qui leur laisse de moins en moins de temps à consacrer à la vie sociale ou familiale, encore moins aux affaires communautaires. La première place accordée à la consommation dans la société capitaliste pousse les femmes et les hommes à consacrer de plus en plus de leur temps libre à magasiner, même pour se distraire, ou encore à regarder la télévision, qui les dispose à acheter toujours davantage. La vie familiale devenant par nécessité « un refuge dans un monde sans cœur », la vie politique leur échappe de plus en plus. Dans une telle situation, ni la vie politique ni la vie familiale ne peuvent s'épanouir.

Ainsi, le sens même de la politique est oublié peu à peu. Les citoyens des sociétés occidentales perdent jusqu'au souvenir de la politique en tant que phénomène actif et vital d'autogestion, pendant que le concept affaibli de citoyenneté — réduit au droit de vote et au paiement des impôts, accompagnés de la réception passive des services fournis par l'État — est confondu avec la citoyenneté elle-même. Déraciné de la communauté, l'individu est isolé et impuissant, seul dans une société de masse qui n'a que faire de lui en tant qu'être politique.

Mais si les gens montrent peu d'intérêt pour la vie publique, comme le déplorent tant de commentateurs, il se peut fort bien que ce soit parce que la vie publique manque de sens, c'est-à-dire qu'elle est dépourvue de pouvoir réel. Au lieu de se trouver dans le champ politique local, le pouvoir de prendre les décisions repose presque entièrement entre les mains de l'État. Il n'est pas tombé là par hasard, ni par la volonté de Dieu, ni par la force de la nature. Il y a été placé délibérément. Les bâtisseurs d'États se le sont approprié, en forçant le peuple à abdiquer son pouvoir ou en le séduisant pour qu'il le fasse.

Mais les citoyens peuvent reprendre le pouvoir qui leur a été enlevé. On ne devrait pas s'étonner de ce qu'actuellement, dans tout le monde européen et nord-américain, des femmes et des hommes rejettent de plus en plus le système des partis et le rôle politique dérisoire que l'État leur a assigné. La désaffection à l'égard de ce qui passe pour un processus « démocratique » est très répandue — à preuve, l'abstention massive de l'électorat — et la méfiance envers les politiciens est généralisée. Même quand on les flatte bassement, les citoyens réagissent avec de plus en plus de dégoût et même d'hostilité aux manipulations électorales. Cette répugnance devant les procédés de la politique politicienne est une tendance salutaire sur laquelle la politique du municipalisme libertaire peut se construire.

Le municipalisme libertaire veut ressusciter la politique dans le sens ancien du terme : construire et étendre la démocratie directe locale de sorte que les simples citoyens prennent des décisions relatives à leur communauté et à la société dans son ensemble. Ce n'est pas, il faut le souligner, une tentative d'étendre l'engagement du citoyen dans les processus de l'État républicain. Ce n'est pas un appel à une participation plus grande de l'électorat à la prochaine élection ni une campagne de mobilisation des citoyens pour influencer le processus législatif (« Écrivez à votre député ») ou pour augmenter le recours à des instruments comme la pétition, le référendum et la destitution afin de « démocratiser » l'État-nation. Ce n'est pas non plus une tentative de remplacer les systèmes électoraux à majorité simple (typiques des États-Unis d'Amérique, de la Grande-Bretagne et du Canada) par la représentation proportionnelle pour permettre aux petits partis ou aux tiers partis d'accéder au pouvoir en proportion du nombre de voix qu'ils ont obtenues. Bref, il ne cherche pas à embellir le voile « démocratique » de l'État en travaillant à des « réformes démocratiques ». Encore moins encourage-t-il les femmes et les hommes à participer activement à une structure qui, malgré tous ses déguisements, est faite pour les contrôler. Le municipalisme libertaire, en fait, est l'antithèse de l'État puisque l'État en soi est impossible à conjuguer avec l'autogestion communautaire et une sphère civique florissante.

Le but du municipalisme libertaire est plutôt de revitaliser la sphère publique qui disparaît à toute vitesse et de la transformer en un champ politique. C'est de faire de commettants passifs des citoyens actifs et de les doter d'un espace politique où ils pourront faire des choix significatifs. Son but est de créer cet espace en institutionnalisant leur pouvoir dans des assemblées de quartier et de village. Dans un sens très radical, le municipalisme libertaire retourne aux racines mêmes de la politique pour redonner vie à la démocratie directe et pour l'étendre, avec les vertus et les pratiques rationnelles et morales qui la sous-tendent.

Chapitre 2

La cité historique

Avant d'aborder le projet du municipalisme libertaire consistant à revitaliser le champ politique, il faut consacrer quelques chapitres à la nature de ce champ pour clarifier le sens que nous lui donnons. Le champ politique possède un contexte social, et même anthropologique et historique, ainsi que des traditions particulières qui se sont développées au cours des siècles.

Plus fondamentalement, peut-être, le champ politique doit être compris comme l'un des trois champs que l'on retrouve à l'état endémique dans toutes les sociétés humaines : le champ politique, le champ social et l'État[1].

Le champ social

Le champ social (à ne pas confondre avec la société dans son ensemble) est le domaine privé, ce qui inclut la production et la vie économique. Et c'est depuis toujours le cercle personnel de la vie familiale, de l'amitié, de l'autosuffisance, de la reproduction

---

1. Bookchin fait cette distinction tripartite, contrairement à plusieurs théoriciens sociaux qui posent en principe une dualité. Par exemple, Aristote parle de champs social et politique, mais pas d'État (qui n'existait pas à Athènes). Hannah Arendt, dans *Condition de l'homme moderne* et ses autres ouvrages, suit assez fidèlement Aristote dans l'analyse des champs social et politique ; mais ce qu'elle appelle le champ politique, c'est l'État, une fausse identification qui a créé une certaine confusion.

et des obligations consanguines. Les groupes familiaux se retrouvent dans toutes les cultures humaines ; malgré les formes disparates que prennent les sociétés, c'est dans les groupes familiaux que les individus fraternisent au plus haut degré d'intimité. Le champ social peut ainsi être défini comme un phénomène inhérent aux communautés humaines et présent dans toutes les cultures.

Le champ social est de loin le plus ancien des trois champs mentionnés ci-dessus. Dès leur apparition dans la préhistoire sous forme de bandes et de tribus, les communautés humaines se sont structurées autour du champ social ; de fait, ce champ constitue alors l'essentiel de ces sociétés. Au cœur de la bande ou de la tribu, le champ social a ses racines dans l'univers domestique des femmes. Il est complété par un monde civique naissant habité par les hommes, mais comme ce champ civique est très limité et que l'État n'existe pas encore, la vie de groupe dans les premières sociétés se confond pour ainsi dire avec le champ social.

Conformément à leur nature familiale, les sociétés de bandes et de tribus reposent sur le principe biologique « naturel » de la parenté. Les liens du sang, le principe de la consanguinité, soudent la tribu. Tous les membres d'une tribu donnée sont réputés liés par le sang à cause d'un ancêtre commun. C'est cette ascendance commune qui fait d'eux tous des membres de la même tribu.

Ce lien du sang n'est pas toujours pris au pied de la lettre ; quand il le faut, une tribu peut volontairement l'étendre jusqu'à la fiction, par exemple quand elle adopte des étrangers ou dans le cas de mariages intertribaux. De telles alliances sont légitimées en étant formulées en termes de parenté. Tout de même, bien qu'il ait souvent fallu l'étirer, le principe de parenté définit et sous-tend idéologiquement l'unité de la tribu.

Mais la parenté n'est pas le seul principe biologique « naturel » autour duquel la société tribale s'organise. Le fait biologique des sexes définit les diverses responsabilités de la vie tribale comme étant ou bien masculines ou bien féminines, ce qui engendre une division sexuelle du travail et même de la culture. Le fait biologique de l'âge devient une autre pierre de touche de l'organisation de la société : notamment dans les sociétés d'avant l'écriture, ceux qui ont vécu plus longtemps sont honorés comme détenteurs des coutumes et de la sagesse de la tribu, statut qui permet à quelques anciens de prétendre détenir des pouvoirs surnaturels en qualité de chamans. Tous ces principes « naturels » contiennent d'importants éléments fictifs et connaissent de fréquentes exceptions. Néanmoins, parce qu'ils sont apparemment fondés sur des faits biologiques inéluctables, ils permettent de cimenter ces communautés.

Dans les premières communautés, ces divisions biologiques ne servent probablement pas à asseoir un statut ou un rang, encore moins à établir la domination et la soumission. Mais plus tard, la culture masculine en vient à être considérée non seulement comme différente de celle des femmes, mais comme supérieure, ce qui justifierait sa domination. La connaissance de la sagesse tribale des anciens devient le fondement de la gérontocratie, pendant que la parenté devient celui de la hiérarchisation des tribus et donne naissance au chauvinisme ethnique et au racisme.

En fait, des relations d'antipathie entre les diverses tribus ont dû s'enraciner dans la société tribale dès les débuts. Souvent les tribus se réservent l'épithète de « peuple » par opposition aux membres des autres tribus, considérés comme relevant d'un ordre taxinomique différent, en somme comme étant des non-humains. Cette auto-identification d'une tribu comme appartenant réellement à une espèce distincte engendre un fort sentiment de solidarité interne, mais très souvent aussi elle fait naître une violente hostilité à l'égard des membres des autres tribus, qu'on présume menaçants.

Ainsi les bandes et les tribus agissaient avec circonspection et même hostilité envers les étrangers. Elles pouvaient croire que les étrangers qui leur imposaient leur présence étaient leurs ancêtres décédés, et donc se les concilier ; mais elles pouvaient tout aussi bien y voir des esprits, des revenants ou des êtres maléfiques habités de mauvaises intentions envers la tribu, et donc les éliminer. Bien sûr, une tribu pouvait aussi offrir l'hospitalité, mais cette attitude bienveillante dépendait en général de circonstances particulières ou de comportements coutumiers, ou encore du besoin de conclure des alliances matrimoniales pour développer des réseaux de soutien et recruter des guerriers.

L'essor de la ville

En général, les sociétés de bandes et de tribus chassaient le gibier et cueillaient des végétaux pour s'alimenter, se vêtir et trouver les abris dont dépendait leur existence ; parfois, elles se sont engagées dans des formes d'horticulture éphémères, brûlant la forêt pour dégager une aire de culture temporaire pour des potagers, jusqu'à ce que la fertilité du sol soit épuisée. Mais au début de l'ère néolithique, probablement au Moyen Orient, entre 10 000 et 7 000 ans avant notre ère, un changement très important se produisit : les sociétés tribales passèrent graduellement de la cueillette et du jardinage superficiel à la culture des céréales. C'est-à-dire qu'au lieu de se déplacer à la recherche de sources de nourriture relativement éphémères, les tribus s'installèrent dans des villages stables, voire permanents, cultivèrent systématiquement des céréales et domestiquèrent des animaux.

Rapidement, cette transition à la culture néolithique — l'agriculture et l'élevage — s'étendit à toute l'Eurasie et eut des répercussions sur plusieurs aspects de la vie sociale, ce qui transforma la société tribale. Les céréales étant moins périssables que la viande ou les végétaux, on pouvait désormais entreposer des réserves de nourriture, ce qui permit à quelques membres de la tribu d'en contrôler la distribution. Une fraction des membres devinrent ainsi des propriétaires et finirent par accumuler des richesses, ce qui fit naître les classes sociales. À leur tour, ces classes exacerbèrent les stratifications hiérarchiques déjà existantes : c'est par l'agriculture à grande échelle, surtout pour les besoins de l'élevage, que la culture devint l'apanage des hommes et que la production devint leur propriété, créant ainsi ces sociétés patriarcales qui affirmèrent la suprématie des hommes et des valeurs « masculines ». Puis les prêtres qui remplacèrent les chamans exigèrent des céréales comme tribut pour les dieux et ajoutèrent la force de l'institution aux prétentions spirituelles moins formelles et plus éphémères de leurs prédécesseurs.

Mais pour les fins de notre analyse, la conséquence la plus importante de ce mouvement vers l'agriculture est ce que V. Gordon Childe a appelé la « révolution urbaine ». Quelques-uns des villages établis par les fermiers du néolithique grossirent et devinrent des bourgs ; puis certains de ces bourgs se développèrent au point de devenir des villes, de vastes établissements permanents dont les résidants ne produisaient pas leur propre nourriture, mais dépendaient des denrées importées de la campagne. Pour ces citadins, la vie était structurée moins par la parenté que par la proximité résidentielle et les activités professionnelles partagées. Les gens habitaient les uns à côté des autres sans nécessairement être parents, puis sans même se connaître. Avec le temps, un étranger pourrait se joindre à une communauté dans une ville simplement en y résidant et en y apportant son travail, sans être obligé de s'y marier ou d'y être recruté comme guerrier. En fait, d'un point de vue tribal, une ville est un lieu où presque tous ceux qu'on rencontre peuvent être des étrangers.

Bien sûr, dans les premières villes comme dans celles d'aujourd'hui, bien des gens qui étaient reliés par l'affiliation au clan choisirent de vivre dans le même quartier que leurs parents, ou alors y furent forcés par suite de discrimination ethnique. Mais le point capital est que lentement, alors que la vie urbaine devenait un mode de vie, les liens de parenté déclinèrent comme principe d'organisation sociale. N'ayant plus de liens entre eux, les gens qui vivaient côte à côte en vinrent à se considérer non plus à travers le prisme de l'appartenance à la tribu, mais à travers ceux de la résidence et des professions, du statut et de la propriété : comme artisans ou riches marchands, comme nobles ou prêtres.

Quelle que soit la catégorie en cause, les chaînes qui maintenaient les ancêtres dans le chauvinisme tribal et les vendettas intertribales se sont brisées. Désormais, les gens appartenant à une même lignée n'étaient plus contraints de se concevoir eux-mêmes comme étant « les hommes » et de considérer les autres comme des étrangers réellement ou potentiellement hostiles. Les préjugés ethniques persistèrent évidemment, mais sous une forme beaucoup plus diluée qu'à l'époque tribale, quand la différence ethnique suffisait pour justifier le meurtre d'un étranger. Le nouvel ordre social transforma les gens : de membres d'une tribu, ils devinrent les habitants d'une cité hétérogène et éventuellement cosmopolite. La ville a eu pour effet de repousser la généalogie en faveur d'une *humanitas* plus œcuménique, l'humanité commune comme principe fondamental d'organisation sociale, et a initié le phénomène capital de l'universalité humaine. De ce fait, la transition à la vie urbaine fut aussi révolutionnaire que l'avait été la révolution agricole et que le serait, bien des siècles plus tard, la révolution industrielle.

L'émergence du champ politique

Bien sûr, ces villes hétérogènes n'étaient pas des paradis égalitaires. Au contraire, les relations sociales qui les premières remplacèrent la parenté étaient fondées sur des statuts, des classes, des hiérarchies militaires et religieuses, en plus de la stratification sexuelle. Les élites régnantes asservirent les petites gens qui travaillaient pour leur fournir des biens et pour assurer le service militaire. Le clergé acquit de vastes pouvoirs par suite de l'ignorance générale concernant les phénomènes de la nature ; et les premières villes n'étaient pas immunisées contre la brutalité de la guerre, pas plus que ne l'avaient été les tribus.

Malgré ces tyrannies, la révolution urbaine ouvrit à l'histoire la saisissante possibilité que des communautés libres et égalitaires existent et que les gens, une fois reconnue leur humanité commune, s'organisent selon des normes rationnelles et morales. L'essor de la ville a eu pour effet d'inaugurer le développement du champ politique.

C'est l'existence de préoccupations partagées et d'un espace public commun à des communautés pluriethniques dans la ville qui rendit possible ce développement. Une fois franchi le seuil de la demeure privée — c'est-à-dire une fois sortis du champ social —, les étrangers-résidants d'une cité entraient dans des rues, des places, des espaces communaux et des lieux à vocation publique, tous lieux où ils pouvaient entrer en rapport les uns avec les autres. Là, achats et ventes avaient lieu, et là aussi les hommes et les femmes pouvaient socialiser. Ils pouvaient échanger des nouvelles d'intérêt général et discuter de sujets d'intérêt commun. Les murs pouvaient devenir des endroits servant à la publicité et aux nouvelles. Les spectacles et les festivals pouvaient border les rues. Ainsi, les espaces publics apparurent dans la ville, qui pourraient un jour être réservés aux besoins civiques et à l'activité politique.

La *polis* athénienne fut la première à faire le saut pour transformer ces espaces publics en lieux politiques. Malgré la persistance de fictions ethniques, de l'esclavage et de la domination masculine, la *polis* a défini et matérialisé le champ politique comme sphère d'autogestion par la démocratie directe. Elle a aussi ouvert la possibilité historique de la liberté — c'est-à-dire la liberté active d'une communauté dans son ensemble, dans laquelle les libertés individuelles sont étroitement imbriquées.

Nous reparlerons plus loin de la *polis*; qu'il suffise ici de dire qu'après sa disparition la démocratie directe fut écrasée par les empires d'Alexandre et de Rome. Pourtant, l'idée de la liberté civique fut ravivée quand un certain nombre de villes des Flandres et de la vallée du Pô commencèrent à revendiquer leur autonomie locale auprès de leurs maîtres ecclésiastiques et laïques. Ces communes médiévales mirent peu de temps à exiger des libertés civiques, y compris celles d'adopter leurs propres lois et de créer leurs propres tribunaux séculiers et d'autres formes d'administration civique.

Comme dans la *polis* d'Athènes, les citoyens de ces communes en vinrent à gérer leurs affaires selon leurs propres critères plutôt que selon ceux des élites qui voulaient les gouverner. Ce faisant, ils ravivèrent la tradition hellène de la cité en tant que lieu d'autogestion et de liberté. Comme ces villes étaient enchâssées dans une société féodale autoritaire, il n'est pas étonnant qu'un adage allemand du Moyen Âge ait proclamé: « L'air de la cité rend libre » (*Stadtluft macht frei*).

Bien sûr, ni l'inégalité sociale ni l'hostilité ethnique ne disparurent avec l'essor du champ politique, pas plus qu'elles n'avaient disparu avec la naissance de la ville. De l'Antiquité jusqu'à nos jours, des élites ont dominé la vie politique, justifiant même leur pouvoir par des prétentions quasi tribales à une longue ascendance noble. Dans l'antique Athènes, comme nous l'avons dit, la *polis* était empoisonnée par l'esclavage, le patriarcat, la domination de classe et l'impérialisme. Pour ce qui est des communes médiévales, même les plus démocratiques étaient entachées par l'oligarchie fondée sur le pouvoir des marchands patriciens et des maîtres artisans; c'étaient des quasi-républiques bien plus que des démocraties. Les *towns* de la Nouvelle-Angleterre — autre chapitre important de l'histoire de la démocratie directe — excluaient de leurs assemblées, au début, ceux qui n'appartenaient pas à leur Église, en plus des femmes, évidemment; et les hommes blancs qui formaient ces assemblées démocratiques capturaient les indigènes et les réduisaient en esclavage. Même pendant les périodes les plus radicales et démocratiques de la Révolution française, les sections de Paris fourmillaient de soupçons xénophobes à propos de conspirations étrangères.

Toutefois, plusieurs de ces défauts étaient caractéristiques non seulement d'un moment démocratique de l'histoire, mais de toute l'ère dont ce moment faisait partie. Avec un recul de 2 400 ans, on peut aujourd'hui juger le patriarcat et l'esclavage répugnants et inhumains, mais il y avait peu de chances qu'Athènes sût s'élever au-dessus de ces éléments fondamentaux de l'ancienne société méditerranéenne tout entière. Ce qui est remarquable, c'est qu'elle ait réussi à dépasser l'autorité monarchique et les habitudes de répression qui étaient également typiques de ce monde méditerranéen, et qu'elle ait su créer un nouveau champ politique. Même si les démocraties municipales, pendant tout le cours de l'histoire, se sont enlisées dans les structures hiérarchiques de leur époque, leurs moments libérateurs ont nourri et fait avancer la tradition de la démocratie directe en luttant contre plus fort qu'elles. C'est vers ces moments d'émancipation que nous nous tournons maintenant.

Chapitre 3

La démocratie municipale dans l'Antiquité et au Moyen Âge

Examinons quelques-uns des épisodes qui ont joué un rôle central dans la tradition de la démocratie directe[1].

La *polis* d'Athènes

Au VIIe siècle avant notre ère, l'Attique, c'est-à-dire la cité d'Athènes et le territoire avoisinant, fut la scène d'une âpre lutte de classes. Un groupe minuscule d'aristocrates dirigeait la contrée alors qu'un grand nombre de petits fermiers vivaient comme de véritables serfs. Ces paysans opprimés devaient remettre à leurs maîtres une grande partie de leurs récoltes annuelles, obligation qui avait souvent pour résultat de les faire crouler sous les dettes et de leur faire subir une amère pénurie. Comme le dit Plutarque, « les gens du commun étaient écrasés par leurs dettes envers quelques hommes riches ». En cas de défaut de paiement, les conséquences étaient lourdes. « Bien des parents durent vendre leurs propres enfants ou s'exiler à cause de la dureté de leurs

---

1. Les aperçus des moments démocratiques présentés dans ce chapitre et le suivant sont volontairement succincts. Ils ne prétendent pas être complets ni analyser les causes de l'émergence ou du déclin de l'expérience démocratique. Ils n'ont pas d'autre but que de prouver que cette tradition existe et de décrire quelques-unes de ses facettes. Le lecteur qui voudrait en savoir plus peut consulter la bibliographie.

créanciers. » Dans cette intolérable situation, le *demos* — terme qui désigne parfois « les gens du commun », parfois « le peuple tout entier » — était à deux doigts de la révolution. Le désespoir le poussait à chercher quelqu'un qui « libérerait tous les débiteurs, redistribuerait les terres et ferait une réforme complète de la Constitution ».

La guerre civile menaçait quand, en -594, tous les clans en présence s'entendirent pour élire Solon comme archonte, ou premier magistrat, afin de ramener l'ordre dans la *polis*. Solon décréta l'exonération de toutes les dettes et l'abolition de la contrainte par corps et de l'hypothèque. Lors de son élection, il avait reçu le mandat extraordinaire d'amender la Constitution athénienne et de prévenir l'éruption de nouvelles crises, mais les lois qu'il promulgua changèrent la structure politique si radicalement qu'elles imposèrent une toute nouvelle Constitution[2].

Ce qui a le plus d'importance pour nous, c'est que Solon réanima l'*ecclésia*, une assemblée populaire dont l'existence remontait à l'époque tribale, mais qui était tombée en désuétude au cours des siècles. Sous son archontat, non seulement l'*ecclésia* fut ressuscitée, mais elle prit une plus grande importance : elle obtint le pouvoir de sanctionner les lois de la communauté, le droit d'élire ses magistrats et celui de se réunir de sa propre initiative sur une base régulière. Enfin, le nouvel archonte donna aux gens du commun le droit de participer aux assemblées de l'*ecclésia* et de voter sur toutes les questions qui y étaient débattues, un pas crucial pour doter le *demos* du pouvoir.

En plus de l'*ecclésia*, Solon créa un Conseil des Quatre-Cents — la *boulè* —, auquel il confia l'administration du gouvernement d'Athènes. Solon, évidemment, n'était pas un démocrate pur et dur : il maintint dans la *boulè* un certain élitisme en n'y admettant que des hommes fortunés. Mais la *boulè* de Solon servit au moins à limiter le pouvoir de l'Aréopage aristocratique grâce auquel les familles riches avaient auparavant gouverné l'Attique à leur gré.

D'autres réformes de Solon étendirent les libertés individuelles et créèrent un tribunal populaire siégeant en appel. Autre dur coup porté à l'oligarchie, les familles riches durent renoncer à leur privilège héréditaire de désigner les archontes d'Athènes,

---

2. Plutarque, « Solon », dans *Vies des hommes illustres*.

ouvrant ainsi la voie à l'exercice du pouvoir exécutif par le *demos*. La maxime la plus remarquable attribuée à Solon est cette opinion que rapporte Plutarque : tout citoyen qui, « à l'occasion d'une révolution, ne prend pas parti » devrait perdre ses droits civiques. Le concept hellène de la citoyenneté n'admettait pas qu'un homme attende égoïstement de voir qui allait l'emporter dans un conflit avant de se commettre. Les Athéniens devaient être politiquement actifs et prendre parti dans les querelles civiques.

Ayant accompli ces réformes constitutionnelles, Solon s'exila volontairement pour dix ans. Malgré des épisodes de troubles récurrents, les citoyens d'Athènes intégrèrent ses réformes et s'accoutumèrent à une *ecclésia* plus large et plus puissante. Ils lui infusèrent une vitalité politique et développèrent une procédure qui engendra un égalitarisme citoyen. Petit à petit, l'*ecclésia* fut acceptée presque universellement comme corps décisionnel suprême dans la *polis*, préparant la voie à la démocratie totale.

Au cours du demi-siècle qui suivit l'an −561, les « tyrannies » (mot qui n'avait pas alors de connotation péjorative) de Pisistrate et de son fils Hippias réduisirent encore davantage le pouvoir des nobles de l'Attique. En fait, plusieurs des éléments de la démocratie athénienne doivent se comprendre comme des efforts institutionnalisés pour prévenir la résurgence de l'aristocratie. Bien qu'elle ait maintes fois tenté de restaurer la vieille oligarchie fermée, l'aristocratie ne réussit pas à abolir les réformes de Solon et des Pisistratides. Bien des nobles furent forcés de prendre le chemin de l'exil, et leurs domaines furent divisés et distribués aux pauvres sans terre.

Entre-temps, grâce à leur participation dans les structures mises en place par la Constitution de Solon, le niveau d'éducation politique des citoyens d'Athènes s'éleva énormément, les rendant de plus en plus sûrs d'eux-mêmes et de leur capacité à conduire leurs propres affaires.

L'extraordinaire ouverture de la vie politique qui créa cette confiance en soi atteignit son apogée entre l'archontat de Clisthène (qui commença en −506) et le début de la guerre du Péloponnèse en −431. Clisthène donna à la démocratisation d'Athènes l'élan décisif. S'il maintint l'Aréopage, il frappa l'aristocratie dans ses fondations sociales — le réseau traditionnel de parenté de la noblesse de l'Attique — en enlevant aux clans leurs pouvoirs et en éliminant le système traditionnel ionien des quatre tribus ancestrales. Pour le remplacer, il créa quelque 170 dèmes, des unités administratives fondées non pas sur les liens de parenté, mais sur la résidence.

Ce faisant, bien sûr, il étendit la révolution urbaine dans tout le pays, en remplaçant le tribalisme par la proximité comme critère d'appartenance et en liant la citoyenneté au territoire. Les dèmes devinrent bientôt autant de centres vibrants de démocratie locale, chacun ayant sa propre assemblée populaire, son conseil et ses magistrats, tous choisis une fois l'an.

Cette nouvelle structure institutionnelle (comprenant les dèmes et des unités plus grandes réunissant plusieurs dèmes, appelées *trittyes*, de même qu'une entité quasi tribale maintenue par Clisthène pour faciliter la transition) révolutionna la vie politique de l'Attique. L'*ecclésia* était désormais sans conteste la source de toute autorité politique. Tous les citoyens masculins d'Athènes avaient le droit de participer et de voter, sans qualification de fortune, sans égard à la classe ou au statut. Tous, riches ou pauvres, avaient des droits égaux, de telle sorte que Périclès pourrait dire : « La pauvreté n'est pas non plus un empêchement, car un homme peut être utile à sa *polis* en dépit de l'obscurité de sa condition[3]. »

En –462, d'autres modifications de la Constitution avaient fait disparaître toute trace de privilège dans la démocratie d'Athènes. L'Aréopage perdit beaucoup de son poids quand plusieurs de ses pouvoirs furent partagés entre la *boulè*, l'*ecclésia* et les nouveaux tribunaux populaires démocratiques où les citoyens siégeaient dans d'énormes jurys — des assemblées réduites, en somme — pour presque toutes les causes civiles et criminelles.

À son apogée, l'*ecclésia* était une assemblée réunissant à ciel ouvert plusieurs milliers de citoyens masculins d'Athènes au moins 40 fois par année, d'habitude pour un seul jour. Tous pouvaient participer aux débats, publics mais ordonnés, selon le principe de l'*esegonia*, le droit universel de prendre la parole au cours de l'assemblée ; et tous pouvaient voter. Leurs décisions,

---

3. Périclès, cité par Thucydide dans *La guerre du Péloponnèse*, 2.37.1.

prises à la majorité des voix, touchaient à tous les aspects de la vie publique, y compris la guerre et la paix, la diplomatie et les traités, les finances et les travaux publics.

Les mandats des chefs — dans la mesure où l'on considère que la *polis* avait des chefs, comme le stratège Périclès — étaient courts (généralement une année), et leurs actions étaient constamment revues et jugées par l'assemblée ; ils devaient répondre de leurs actes de telle façon que cela empêchait la naissance d'une élite se perpétuant elle-même. La majorité des postes étaient comblés par tirage au sort. En fait, c'est ce moyen, et non la nomination ou l'élection, qui fut retenu pour choisir les administrateurs dans presque toutes les institutions politiques. Chaque réunion de l'assemblée était présidée par un citoyen qui non seulement était désigné par le sort, mais n'occupait son poste que pendant une seule journée. Les membres de la *boulè*, dont le mandat ne durait qu'un ou deux ans, et même les archontes étaient choisis par tirage au sort (parmi les membres de la *boulè*), tout comme les membres des jurys et les autres fonctionnaires. Ce tirage au sort utilisé si largement repose sur l'hypothèse d'un degré élevé de compétence politique chez les simples citoyens.

Cette hypothèse était tout à fait justifiée, car dans ce système une grande partie des citoyens de sexe masculin faisaient l'expérience directe de l'autogouvernement démocratique. C'est dans ce système que s'épanouit la vie culturelle de la cité, avec l'extraordinaire floraison de la philosophie, du théâtre, des arts, de l'historiographie, de la physique et de la biologie qui fit la gloire de la Grèce.

La commune médiévale

Un millénaire plus tard, longtemps après la disparition de la *polis* d'Athènes et l'effondrement de l'Empire romain, le système féodal pesait comme une chape de plomb sur presque toute l'Europe. Les Romains avaient fondé plusieurs villes en Europe, mais elles n'étaient plus des lieux d'activité politique. L'Église avait protégé de la destruction matérielle plusieurs cités, mais c'était pour en faire des centres du pouvoir ecclésial. Après l'an 1000, cependant, dans le nord de l'Italie, dans la vallée du Rhône, celle du Rhin et en Flandre, une nouvelle classe de marchands apparut dans les interstices de la féodalité, et ces novateurs commencèrent à infuser un nouveau souffle aux villes médiévales. Entre la fin du Xe siècle et le début du XIIIe, les villes ou communes qu'ils ranimèrent devinrent les centres d'un commerce lucratif et de la production artisanale.

Au début, les villes commerciales et artisanales demeurèrent sous la suzeraineté des puissants sur le domaine desquels elles étaient situées — en général, l'Église ou un comte — et donc soumises à un pouvoir extérieur. Mais le clergé et les nobles se montrèrent de moins en moins capables de répondre aux besoins particuliers des habitants des communes. Les lois de l'Église, notamment, étaient inutiles en matière de commerce. Les communes élaborèrent peu à peu leurs propres manières de réglementer l'impôt, le mariage et les successions, et développèrent leurs propres systèmes juridiques, qui garantissaient les libertés de leurs résidants et limitaient les droits des princes en matières fiscale, judiciaire et autre, jusqu'à finir par administrer *de facto* leurs propres affaires.

Inévitablement, les communes réclamèrent de leurs seigneurs la reconnaissance officielle de leurs libertés locales, ce qui fut généralement refusé par le pouvoir ecclésial et seigneurial. Tour à tour, au cours du XIIe siècle, plusieurs communes entreprirent de se libérer des seigneurs. Dans le nord de l'Italie, un groupe de villes réunies dans la Ligue lombarde se rebella contre le Saint Empire romain. En 1183, lors de la Paix de Constance, plusieurs d'entre elles obtinrent de l'Empire une charte qui leur accordait le droit d'élire leurs magistrats, d'adopter leurs propres lois, en un mot, de se gouverner elles-mêmes.

Qu'étaient-ce que les communes? Essentiellement, c'étaient des associations de bourgeois — marchands, professionnels et artisans — qui faisaient le serment (la *conjuratio*) de respecter les libertés individuelles de leurs concitoyens et de défendre et promouvoir leurs intérêts communs. La *conjuratio* était en fait l'expression de la citoyenneté dans une communauté civique donnée.

La première institution communale des villes italiennes fut l'assemblée de tous les membres de la commune. Elle adoptait les lois et choisissait deux magistrats, l'un exécutif et l'autre judiciaire, qui, pendant un an, avaient la charge d'administrer les affaires de la ville.

Au fur et à mesure que les communes croissaient, elles avaient besoin de plus d'artisans pour produire les biens nécessaires à la ville et au commerce régional, tels que barils et véhicules, et de serviteurs pour fournir la nourriture et le logement. Ce sont les ruraux qui migraient vers les villes pour se soustraire au féodalisme et améliorer leurs conditions de vie qui exécutèrent ces tâches ; mais avant 1200 ils n'avaient pas part aux libertés politiques de la commune. En général, les communes n'étaient pas des démocraties complètes ; seules les familles fondatrices et leurs descendants en étaient membres à part entière. Bien que tous les résidants adultes fussent soumis au gouvernement de la commune (ils étaient tous obligés de payer des taxes et de servir dans la milice), tous n'avaient pas le droit d'être politiquement actifs. La citoyenneté active reposait sur des critères de propriété, d'ancienneté de la résidence et de liens sociaux, tout comme le droit d'occuper une charge publique, qui n'était reconnu qu'à une minuscule fraction de la population masculine.

En fait, au XIIe siècle, le pouvoir politique se développait dans le cadre du patriarcat, si bien qu'en 1160, dans presque toutes les communes, certaines familles détenaient la prépondérance dans les affaires civiques. Alors même que toute la commune luttait pour arracher son autonomie aux seigneurs, ces patriciens dominaient la magistrature, manipulaient l'assemblée et gouvernaient la cité, de sorte que les assemblées civiques s'atrophiaient sans cesse.

Cette situation ne dura pas longtemps. Vers 1200, le sentiment démocratique entra en ébullition dans plusieurs communes. À Nîmes, par exemple, en 1198, le peuple tout entier choisit ses magistrats. Dans les communes italiennes, le *popolo* — les maîtres artisans, les boutiquiers, les professionnels, les notaires, les marchands, les financiers, la bourgeoisie commerciale (mais pas les tisserands ni les journaliers) — affronta l'aristocratie en exigeant que la vie politique communale lui fasse une place.

Dans diverses communes, le *popolo* suscita la création de guildes de quartier, qui réunissaient tous les hommes d'un même métier. Ces guildes furent vite complétées par des sociétés populaires armées, aussi organisées par quartier. Le *popolo* mobilisé lutta contre la noblesse dans des villes comme Brescia, Milan, Plaisance, Crémone, Assise et Lucques. Ses révoltes réussirent à démocratiser radicalement la vie politique communale. Entre 1200 et 1260, dans plusieurs communes, incluant de grandes villes comme Bologne et Florence, le *popolo* prit effectivement les rênes du pouvoir. Le conseil de Pavie passa de 150 à 1 000 membres à cette époque et celui de Milan, de 400 à 900, pendant qu'à Montpellier les guildes se fusionnaient avec le gouvernement municipal lui-même. Cette spectaculaire démocratisation est présente dans l'œuvre du philosophe aristotélicien Marsile de Padoue, qui écrivait : « Le législateur, ou la cause première et juste de la loi, est le peuple ou le corps des citoyens ou sa partie la plus importante, de par son choix ou sa volonté exprimée oralement dans l'assemblée générale des citoyens[4]. »

Dans les cités du nord de l'Europe, cependant, la démocratisation de la vie communale se fit plus lentement qu'en Italie. À Fribourg, après une révolte populaire, la commune transforma son oligarchie en un comité de 24 magistrats élus chaque année ; Liège créa une ville-république sur le modèle des guildes et, après 1313, rendit l'adoption de nouvelles lois conditionnelle à leur approbation par une assemblée populaire composée de tous les citoyens, quelle que soit leur position sociale. En Flandre, dans les villes drapières de Gand et d'Ypres, le gouvernement autonome de la ville fut façonné par les tisserands et les fouleurs. Organisés dans des guildes dites secondaires, ces ouvriers — les futurs prolétaires — livrèrent une véritable guerre de classes aux exploiteurs patriciens ; finalement, ils triomphèrent et établirent une structure civique qui leur donnait des droits considérables de même qu'à tous les membres inférieurs des guildes, et qui excluait presque tous les patriciens.

Même au sommet de leur démocratie, pourtant, les communes populaires de Flandre, de la vallée du Rhône et de l'Italie ne donnaient encore de droits politiques égaux qu'aux citoyens de sexe masculin. Elles excluaient, en outre, les journaliers, les pauvres, les travailleurs des champs et presque tous les immigrants, qui selon elles étaient dépendants et par conséquent susceptibles d'être facilement contrôlés par les riches marchands et les aristocrates. Et la démocratisation ne dura pas très longtemps : avec le temps, ces premières démocraties cédèrent la place à des

---

4. Marsile de Padoue, *Defensor Pacis*, 1324.

formes républicaines de gouvernement, et le pouvoir politique retourna entre les mains des familles influentes, de sorte que les communes finirent par tomber sous le pouvoir de conseils oligarchiques ou de familles comme les Médicis, à Florence.

Aussi incomplète qu'ait été la démocratisation des communes médiévales, elle réveilla une sphère politique assoupie et la mit en marche pour plusieurs siècles, sur les places et d'autres lieux publics. En ce sens, ces communes sont un moment important du développement d'une tradition de démocratie directe.

Chapitre 4

La démocratie municipale à l'époque coloniale et révolutionnaire

L'assemblée en Nouvelle-Angleterre

Ce n'est pas consciemment et encore moins délibérément que les puritains qui ont colonisé la Nouvelle-Angleterre se sont faits porteurs de la tradition de la démocratie directe. Aux yeux de la génération qui fonda la colonie de la baie du Massachusetts en 1629, la démocratie était franchement immorale. Le premier gouverneur de la colonie, John Winthrop, et ses coreligionnaires préféraient de beaucoup le gouvernement par les « élus de Dieu », les « saints visibles » comme on les appelait, car ils croyaient qu'ils avaient reçu de Dieu une grâce spéciale. Selon leur interprétation des Saintes Écritures, les « élus de Dieu » devaient gouverner à travers l'aristocratie ou la monarchie.

Pourtant, ces puritains pratiquaient une religion remarquablement démocratique, le congrégationalisme. Cette secte protestante anglaise défendait l'autonomie de chaque congrégation contre l'intrusion des prêtres et des évêques. Le congrégationalisme reposait sur le postulat que chaque groupe de fidèles formait un tout en soi, subordonné à nul mortel et guidé uniquement par la Bible. Le puritanisme congrégationaliste rejetait donc toute la liturgie et l'ecclésiologie de la religion chrétienne, c'est-à-dire qu'il rejetait non seulement l'Église catholique, mais aussi l'Église anglicane, qui avait conservé plusieurs des éléments hiérarchiques du catholicisme.

Pour le salut de leur âme, les congrégationalistes comptaient sur la Bible, sur leur relation privée avec Dieu et sur leurs coreligionnaires, sans la médiation du clergé. Dans le Nouveau Monde, ils se liaient dans des pactes communautaires (*covenants*) et juraient d'obéir à Dieu et de se soucier des âmes les uns des autres dans un esprit de communion fraternelle.

En colonisant la baie du Massachusetts pendant les années 1630, les puritains congrégationalistes formèrent des villages assez autonomes (*towns*), structurés autour de leurs églises. Chaque congrégation se gouvernait elle-même au moyen d'un pacte que les membres rédigeaient ensemble, en tant que communauté. Un idéal démocratique embryonnaire baigna la culture de ces communautés, puisque la congrégation tout entière participait à la prise de décisions. Et de la même manière que chaque congrégation avait rédigé son propre pacte religieux, chaque village conclut un pacte municipal pour régir ses affaires temporelles.

L'urbanisme reflétait cette tendance à la démocratie. Le groupe fondateur recevait collectivement de la colonie même une terre qu'il divisait entre ses membres. Chaque habitant de sexe masculin se voyait adjugé en toute propriété un lopin de un à dix acres, suffisant pour faire vivre sa famille. La propriété foncière était ainsi plus ou moins égalitaire et, pendant très longtemps, on sut éviter l'opulence comme la misère. Les milices auxquelles appartenaient tous les hommes bien portants de la communauté, rassemblées sur la place du village pour l'exercice, relevaient du même esprit égalitaire.

Quant au gouvernement civil, les gens de la Nouvelle-Angleterre créèrent les assemblées municipales (*town meetings*), des assemblées générales qui se tenaient régulièrement pour décider des affaires du village. L'assemblée était composée essentiellement de la congrégation religieuse, avec son attachement au principe du pacte autonome, mais elle était reconstituée pour s'occuper des affaires civiles. Bien que l'assemblée ne reposât sur aucune théorie démocratique, en pratique elle était étonnamment démocratique.

En principe, seuls les fidèles adultes de sexe masculin — ceux qui avaient reçu la « grâce » et étaient devenus des « saints visibles » — avaient le droit de vote à l'assemblée municipale. Ceux qui n'appartenaient pas à la secte pouvaient assister à l'assemblée et participer aux délibérations, mais ils étaient exclus de la prise de décision. Cependant, les villages découvrirent rapidement qu'il n'est tout simplement pas possible de permettre à une minorité d'occuper seule tout le champ politique, et la qualification religieuse pour voter devint lettre morte. Le suffrage fut étendu pour inclure tous les habitants adultes de sexe masculin ayant quelque propriété ou un revenu régulier (20 livres sterling, une somme relativement modeste) et, finalement, tout homme qui jurait qu'il possédait la propriété requise. Le champ politique en Nouvelle-Angleterre s'ouvrit progressivement à des hommes qui auraient été exclus dans pratiquement n'importe quel bourg et village d'Angleterre, pour inclure presque tous les chefs de famille. De plus, le droit de vote rendait automatiquement son détenteur éligible aux charges publiques. Contrairement aux prérogatives oligarchiques de l'Angleterre, les postes officiels au Massachusetts étaient largement électifs plutôt que nominatifs.

La première assemblée municipale (créée à Cambridge en 1632) prit la forme d'une réunion mensuelle tenue pour régler les problèmes locaux. Peu après, d'autres villages se dotèrent d'assemblées semblables, qu'ils convoquaient chaque fois qu'ils le jugeaient nécessaire. En 1635, la General Court (le gouvernement de la colonie tout entière) adopta une loi qui reconnaissait l'assemblée municipale comme corps décisionnel suprême dans chaque village.

Au début, les villageois eux-mêmes étaient plutôt passifs dans l'exercice des larges pouvoirs souverains que leur conféraient la loi de 1635 et leur situation de fait. Les assemblées se réunissaient rarement, seulement quelques fois par année, et s'occupaient uniquement des affaires courantes. Les villageois préféraient déléguer leur pouvoir aux quelques élus (*selectmen*) composant le conseil, le bras administratif de l'assemblée municipale.

Rien dans les lois de la colonie ne conférait aux élus des pouvoirs plus étendus qu'à l'assemblée elle-même ; leur seule tâche était d'exécuter les décisions de l'assemblée entre deux réunions. Mais, au début de la colonie, les *selectmen* étaient les « anciens » religieux ou leur équivalent séculier, formant *de facto* une aristocratie de « saints visibles ». Petit groupe de sept ou neuf personnes, le conseil pouvait se réunir plus fréquemment et avec moins de formalités que l'assemblée, plus large et plus lourde ; il pouvait prendre des décisions plus rapidement, sans avoir à tenir compte de plusieurs points de vue différents. Les villageois auraient pu facilement destituer les membres du conseil (leur mandat ne durait qu'une année), mais au début les gens témoignaient encore trop de déférence envers les hommes vénérables qui les avaient conduits vers le Nouveau Monde et qui avaient formulé leur pacte religieux. Le respect craintif qu'ils vouaient à leurs conseillers faisait qu'ils les réélisaient année après année et qu'ils leur permettaient d'exercer le véritable pouvoir, l'assemblée municipale faisant plutôt figure de simple chambre d'enregistrement.

Entre 1680 et 1720, cependant, les assemblées prirent le dessus sur les conseils et transformèrent la politique municipale d'oligarchie *de facto* en démocratie *de facto*. Après la mort des premiers conseillers, leurs successeurs ne jouirent pas de la même considération ; relativement jeunes, ils avaient moins d'expérience et, par conséquent, en imposaient moins aux villageois. À partir de ce moment, ces derniers reprirent graduellement l'initiative de la formulation des politiques. Au lieu de se tenir quelques fois par année, les assemblées eurent lieu aussi souvent que les habitants l'estimaient nécessaire, et ceux-ci opposaient volontiers leur veto aux propositions des conseillers au lieu de les accepter docilement. Ils se mirent à exercer le pouvoir qu'ils possédaient déjà légalement.

À terme, les *town meetings* se muèrent complètement en corps décisionnels. Ils imposaient les taxes, dépensaient l'argent, autorisaient les morcellements, arbitraient les conflits relatifs aux titres et à l'utilisation des terres, acceptaient les immigrants, octroyaient des concessions et des permis d'entreprise, comme de véritables comités de planification économique. Avec l'exercice de ces pouvoirs étendus, le débat et la contestation grandirent, et un nouvel esprit d'action et de fierté se répandit dans l'assemblée.

Pour ce qui est du gouvernement de la colonie de la baie du Massachusetts dans son ensemble, chaque village envoyait à Boston ses délégués. Au début, les délégués, comme les *selectmen*, étaient les « anciens », et leurs actions dans la capitale étaient soustraites à l'examen public. Mais par la suite, les assemblées voulurent s'assurer que leurs délégués voteraient à Boston selon ce qu'avaient décidé les villageois. Dans le village, un comité élu rédigeait les instructions pour les délégués, puis celles-ci étaient débattues par l'assemblée, qui les adoptait ; on obligea les délégués à s'y conformer. Avec un pareil mandat, les députés n'étaient désormais rien de plus que les agents des citoyens de leur village.

À cause de la pression populaire, après 1700, les délégués à la General Court de Boston durent faire à leur assemblée respective un compte-rendu de chaque séance. Un village alla même jusqu'à envoyer un chaperon avec son délégué pour s'assurer de sa fidélité à son mandat. Les journaux de l'assemblée de Boston furent publiés précisément pour que soit rendu public le vote de chaque député. Enfin, l'élection des députés devint annuelle, une autre restriction importante de leur pouvoir. (Comme le dirait John Adams en 1776, « là où finit l'élection annuelle, là commence l'esclavage ».) Le contrôle étroit des villages sur l'assemblée coloniale fit de celle-ci moins une assemblée législative qu'un conseil ou congrès confédéral.

Pendant une grande partie du XVIIIe siècle, les villages du Massachusetts jouirent d'un degré de liberté extraordinaire, une autonomie remarquable pour cette époque — comme pour toute autre d'ailleurs, quel que soit le point de référence. Bien que le « congrès confédéral » de Boston adoptât des lois qui touchaient les villages, la plupart d'entre eux ne les appliquaient que s'ils le voulaient bien. En fait, la désobéissance était flagrante : dans le Massachusetts du XVIIIe siècle, les *towns* étaient souveraines non seulement selon la loi, mais également dans la pratique.

Cette expérience du pouvoir local engendra chez les villageois une attitude complètement nouvelle envers l'autorité. Longtemps avant la Déclaration d'indépendance de 1776, les villages du Massachusetts opéraient selon le principe que le seul gouvernement légitime naît du consentement des gouvernés, voire que le seul gouvernement légitime est l'autogouvernement. C'est la démocratie directe du Massachusetts, mère du radicalisme politique, que la Couronne britannique trouvait le plus inadmissible. Après le Boston Tea Party, en 1773, un des premiers gestes de Londres fut d'adopter une loi abolissant les assemblées municipales. Cette loi, l'un des Actes intolérables, ne sut venir à bout de la tradition de souveraineté des villages, et leur contestation devint le point d'ignition de la révolte des Treize Colonies anglo-américaines contre la Grande-Bretagne.

C'est une des ironies de l'histoire que les assemblées de la Nouvelle-Angleterre n'aient pas traversé intactes la révolution qu'elles avaient tant contribué à faire éclater. Leur pouvoir fut éviscéré d'abord par les constitutions des États rédigées pendant la guerre de l'Indépendance, puis par la Constitution fédérale de 1787. Les *town meetings* existent encore aujourd'hui, surtout en Nouvelle-Angleterre, mais l'époque de leur suprématie est passée depuis longtemps.

Les sections parisiennes

En France, les sections de 1793 furent les institutions les plus démocratiques et les plus radicales à surgir au cours de la Grande Révolution.

Pour préparer la réunion fatidique des états généraux à Versailles en 1789, la monarchie française fut obligée de créer des districts électoraux dans toute la France, où les roturiers purent se réunir pour choisir leurs députés du tiers état, ou plutôt pour choisir un groupe intermédiaire d'électeurs, tant la monarchie était réticente à permettre à des roturiers, même fortunés, de voter directement. À Paris, 60 assemblées de district furent constituées qui remplirent dûment la tâche qui leur avait été assignée ; mais après avoir choisi leurs députés, elles continuèrent à se réunir, même si elles avaient perdu leur justification légale. Ainsi, alors que les états généraux, bientôt convertis en Assemblée nationale, siégeaient à Versailles, les assemblées de district de Paris existaient comme corps quasi légaux, jalouses de leurs libertés limitées dans une situation politique en rapide évolution.

Après décembre 1789, de telles assemblées devinrent la base légale du gouvernement municipal dans toutes les grandes villes de France. L'Assemblée nationale et la Constituante qui lui suc-céda remodelèrent les 60 districts de Paris pour en faire 40 sec-tions. Lyon et Marseille, Bordeaux et Toulouse furent aussi divisées en sections dont les assemblées s'occupaient des affaires de la communauté. Collectivement, les diverses sections contrô-laient l'autorité centrale de la ville, la commune.

Pendant la Révolution, environ 44 000 communes autonomes, dont les plus grandes étaient contrôlées par des assemblées de section, occupèrent une grande partie du champ politique en France. Elles se chargèrent non seulement de questions locales, mais aussi des questions nationales. Elles acquirent le pouvoir de mobiliser leurs propres unités de la Garde nationale et, autant dans la structure que dans le contenu politique, elles devinrent de plus en plus démocratiques et radicales. À Paris, les sections s'ouvrirent à tous les hommes adultes (certaines acceptaient aussi les femmes) sans égard à la propriété ou au statut. En fait, les sections parisiennes elles-mêmes formaient la base d'une démocratie directe civique extrêmement radicale.

Ce mouvement des sections, qui parvint à maturité à Paris en 1792 et 1793, constituait une expérience délibérée de démocratie directe. Que ses membres soient ou non des radicaux politiques, chaque assemblée populaire était le corps délibérant et décisionnel de la section. Sur le plan idéologique, les membres des sections considéraient la souveraineté populaire comme un droit inaliénable appartenant à tous les citoyens, un droit qui ne pouvait être délégué à des représentants dans une assemblée nationale. Se rencontrant dans des chapelles et des églises expropriées, chaque assemblée de section élisait six députés à la Commune de Paris, dont une des tâches principales était de coordonner toutes les sections de la cité.

Chaque section disposait aussi de comités remplissant diverses fonctions comme la police, l'approvisionnement, les finances et la surveillance du quartier. Chose cruciale, chacune avait également son propre bataillon de la Garde nationale, doté d'une unité d'artillerie, sur lequel elle exerçait un contrôle absolu et dont elle seule pouvait autoriser les mouvements. Les membres des sections se passionnaient pour ces unités militaires : les réunions où l'on élisait des officiers de la Garde attiraient la plus grande foule, plus importante même que celle des rencontres où l'on élisait les officiers civils.

En 1793, au sommet de la démocratie radicale à Paris, la vie dans les sections était vibrante, remplie de controverses et truculente. En période de crise, les assemblées pouvaient attirer un millier de citoyens et plus, faisant salle comble pour de vigoureux débats où s'affrontaient avec passion les différentes factions.

Certaines de ces sections furent de véritables champs de bataille politiques. Au sein d'une section, les intérêts pouvaient diverger fortement selon le statut économique, l'idéologie et l'origine sociale : même pendant les périodes les plus militantes de la Révolution, royalistes et modérés continuaient d'aller aux réunions avec les radicaux les plus extrêmes. Les confrontations dégénéraient fréquemment en menaces, cris et récriminations mutuelles, allant même jusqu'aux échanges de coups de poing.

Les membres radicaux des sections qui occupèrent ce champ politique sont ceux-là même qui avaient envahi les Tuileries en août 1792 et déposé le roi, ce qui allait conduire à son exécution. Ce sont eux qui parvinrent presque à déclencher une insurrection radicale contre la Convention en 1793. (Si cette insurrection avait réussi, elle aurait pu donner tous les pouvoirs à une confédération nationale des sections.) C'est pendant cette dernière période d'effervescence que le démocrate radical Jean Varlet, de la section des Droits de l'homme, tenta d'organiser les délégués de chaque section en un gouvernement parallèle pour former la « Commune des communes », une confédération des villes et des villages de toute la France, pour renverser la Convention nationale. Les membres radicaux des sections furent réellement l'avant-garde du mouvement révolutionnaire en France. C'est certainement pour cette raison que leurs chefs furent parmi les premiers emprisonnés quand les Jacobins prirent le pouvoir en juin 1793.

Dérivées des assemblées de district, les sections avaient réussi à prendre l'avant-scène au mépris de l'État-nation qui les avait créées. Elles avaient fourni l'armature institutionnelle d'une extraordinaire démocratie directe et, à ce titre, elles constituent un autre moment crucial de cette longue tradition. Pour le municipalisme libertaire, elles ont une importance particulière, car non seulement elles ont existé dans la plus grande cité du continent européen, mais elles ont joué le rôle de locomotive dans la radicalisation de l'une des grandes révolutions de l'histoire.

CHAPITRE 5

L'État et l'urbanisation

Présence familière dans la vie moderne et vecteur manifeste de domination, l'État n'en est pas moins un phénomène mal compris de toutes les tendances politiques. Libéraux et conservateurs sont unanimes à l'applaudir comme le gardien du pouvoir et à le rationaliser comme étant nécessaire pour maintenir l'ordre social, puisque la nature humaine, à leurs yeux, est de toute évidence tarée. Certains poussent plus loin l'éloge et le célèbrent comme une institution bénéfique, voire, dans leurs moments d'euphorie, comme une force civilisatrice qui culminerait dans « la fin de l'histoire ».

Pour sa part, la gauche ne se fait pas d'illusions au sujet de l'État comme instrument de domination. Mais elle se trompe sur plusieurs aspects. Les marxistes ont tendance à y voir un simple reflet de la domination de classe en même temps qu'un outil pouvant servir les intérêts de la classe ouvrière, une substitution qui ne fait que perpétuer la domination. Les libertaires de gauche, quant à eux, rejettent totalement l'État, et avec raison, mais en général ils le pensent en termes anhistoriques, comme s'il s'était matérialisé en ce monde complètement formé, un monolithe sans antécédents.

Comme la cité, pourtant, et comme les champs politique et social eux-mêmes, l'État a une histoire à lui. Graduellement issu d'une première matrice de relations hiérarchiques, il a pris une multitude de formes et a connu des degrés de développement divers au cours de l'évolution sociale. Loin d'être monolithique, « l'État » comme catégorie englobe des États en germe, des quasi-États partiellement formés et instables, des empires, des monarchies, des États féodaux, des théocraties, des États-providence, des autocraties, des dictatures et des États totalitaires. Comme tous les systèmes de hiérarchie et de domination, les États adoptent des formes variées, et leur développement a été pour le moins irrégulier, diversifié et complexe.

Plusieurs États modernes ont une forme unitaire, c'est-à-dire que le pouvoir qu'ils détiennent rayonne à partir de la capitale. Les localités ont peu ou pas de pouvoirs propres ; en fin de compte, elles se contentent d'exécuter les ordres du centre. Le système de la France, par exemple, dans lequel le gouvernement local est maintenu sous l'étroit contrôle du centre, est remarquable par son extrême centralisation[1]. Un lien administratif direct va de Paris à tous les départements et arrondissements, jusqu'à la plus petite commune rurale. Les fonctionnaires municipaux sont responsables à l'égard du centre et ils doivent accomplir ses directives. Même la construction d'une école dans une petite commune requiert l'aval d'un ministre à Paris. Ce système centralisé a été légué à la France par la Constitution de 1791 ; la plupart des pays envahis par Napoléon l'ont adopté sous une forme ou sous une autre et, de là, il s'est étendu à d'autres parties du monde.

En revanche, le système britannique de gouvernement local a une tradition beaucoup plus décentralisée, malgré les empiétements tentés par Henri II et Henri VII. Les municipalités, qui datent d'avant la conquête normande, étaient autrefois indépendantes de Londres ; leurs pouvoirs étaient précisés dans des chartes et des lettres patentes. Les comtés, les districts ruraux et urbains, les paroisses rurales et urbaines, les circonscriptions électorales rurales et urbaines, toutes ces juridictions locales étaient indépendantes de l'autorité centrale. Depuis le milieu du

---

1. Ce passage ignore cependant le processus amorcé en France dans les années 1960 avec la création de 21 entités régionales et qui s'est accéléré avec la loi de décentralisation de 1982, laquelle ouvrit la porte à l'élection des conseils régionaux au suffrage universel. (*N.d.É.*)

xixe siècle, cependant, cette tradition d'autonomie a fait l'objet d'assauts répétés, et est en train de disparaître rapidement[2].

La naissance de l'État-nation

Quel que soit le degré d'unitarisme ou de décentralisation d'un État, celui-ci coexiste difficilement avec l'autonomie municipale, avec des villes jouissant de libertés le moindrement significatives. Déjà, sous l'Empire romain, Auguste et ses successeurs firent de la suppression de l'autonomie municipale un élément clé de l'administration impériale. Ils n'accordèrent aux villes que ce qu'il fallait de liberté pour qu'elles puissent maintenir l'ordre et prélever un tribut chez les populations soumises, guère plus. Plusieurs siècles après, les princes et les rois européens agirent de même : ils rognèrent les libertés municipales partout où ils le pouvaient afin de consolider leur propre pouvoir.

En fait, il était essentiel à la formation de l'État-nation que le pouvoir des localités fût atténué, et surtout que les cités largement autonomes fussent assujetties à la bureaucratie, à la police et à l'armée centrales. Le centre s'infiltra dans les localités d'abord en établissant un système juridique unifié dans des territoires jusque-là diversifiés. Dans l'Angleterre du xiie siècle, par exemple, des juges royaux itinérants superposèrent la *common law* aux juridictions féodales fragmentaires. Sous Henri II, le système fut étendu pour couvrir toutes les causes civiles et criminelles, un système rationalisé de procès, de jurys et de châtiments accompagné d'un appareil judiciaire royal composé de professionnels. En Europe continentale, rois et princes imposèrent le droit romain sur de vastes territoires pour tenter d'uniformiser les conventions légales locales et affaiblir ainsi la souveraineté des localités.

L'unification du droit s'appuyait sur la force quand les États monarchiques envahissaient les localités et les incorporaient en leur imposant une administration centralisée. Les gouvernants du début de l'ère moderne utilisèrent couramment la force armée pour étendre leur domination. Ainsi, les monarchies absolues

---

2. À compter de 1998, année où est parue la première édition du *Municipalisme libertaire*, certains pouvoirs ont été dévolus aux Parlements d'Écosse, du pays de Galles et de l'Irlande du Nord. (*N.d.É.*)

d'Angleterre et de France réunirent entre leurs mains d'énormes pouvoirs et se constituèrent de vastes États à partir des cités libres, des confédérations de localités et de la multitude des domaines féodaux.

En même temps que les centralisateurs essayaient de limiter le pouvoir des seigneurs féodaux, ils restreignaient les libertés de municipalités dynamiques qui faisaient obstacle à leur absolutisme. Dans l'Italie du XVIᵉ siècle, Machiavel avertissait cyniquement le « prince » engagé dans la construction de l'État qu'il est plus difficile de conquérir les cités qui ont goûté à la liberté et au gouvernement autonome que celles qui sont déjà habituées à la domination d'un prince :

> Car, à la vérité, il n'y a point de plus sûre manière pour jouir d'une province que de la mettre en ruine. Et qui devient seigneur d'une cité accoutumée à vivre libre et ne la détruit point, qu'il s'attende à être détruit par elle, parce qu'elle a toujours pour refuge en ses rébellions le nom de la liberté et ses vieilles coutumes que ni la longueur du temps ni aucun bienfait ne lui font oublier[3].

Les rois de France et leurs ministres partageaient le point de vue de Machiavel, et l'État français s'agrandit aux dépens de la liberté municipale. En 1463, Louis XI proclama son droit de modifier la charte de n'importe quelle ville selon son bon plaisir, comme deux siècles plus tard Louis XIII et Richelieu étaient déterminés à « jeter bas les murailles des villes ». Pendant la Révolution française, les Jacobins s'engouffrèrent dans cette politique centralisatrice : la Constitution de 1791 créa les départements, foulant aux pieds de riches éléments de la politique locale, et en 1793-1794 le Comité de salut public de Robespierre réussit presque à annihiler les institutions municipales du Paris révolutionnaire et de la France tout entière.

De plus en plus, les États monarchiques puis les républiques exercèrent des pressions et imposèrent des exigences aux diverses cités situées dans leurs domaines en empiétant sur leurs libertés et en usurpant leurs pouvoirs. Construisant des administrations toujours plus lourdes et plus efficaces, les États s'approprièrent des fonctions qui avaient été jusque-là la prérogative des cités,

---

3. Machiavel, *Le prince*, chapitre 5, dans *Le prince et autres textes*, Paris, Gallimard, coll. « Folio classique », 1980, p. 55.

non seulement en matière de justice, mais dans la réglementation économique, la monnaie, la levée des impôts et même les relations diplomatiques. Entre-temps, il fallait financer les guerres apparemment incessantes que se livraient les rois. Les villes et leur richesse commerciale devinrent la cible favorite des prélèvements royaux. En faisant rendre gorge aux villes, les monarques étendaient sur elles leur contrôle, ce qui peu à peu étouffa la liberté civique. Déjà au XVIIe siècle, la cité autrefois libre avait été avalée par l'État monarchique et incorporée dans sa structure centralisée.

La résistance aux empiétements de l'État

Hors de l'Europe, on trouve peu de conceptions politiques reliant la ville et la liberté en opposition à la domination de l'État, ou qui attribuent à la cité une vie politique, des coutumes et des usages qui se distinguent de ceux de l'État. Les villes asiatiques, par exemple, étaient d'abord et avant tout des centres administratifs des monarchies théocratiques : l'État et la cité formaient un continuum, et peu de pulsions civiques de rébellion pouvaient s'y faire jour. Mais en Europe, les villes attachées à leur liberté firent naître une conception unique de la ville comme siège de la liberté civique. En fait, de l'Antiquité jusqu'à nos jours, la cité a été le grand antagoniste de l'agrandissement et de la centralisation de l'État.

Au XIIe siècle, comme nous l'avons mentionné, la confédération des communes de l'Italie du Nord, connue sous le nom de Ligue lombarde, se rebella contre la volonté de Frédéric Barberousse de recouvrer ses « droits » impériaux dans les communes de la vallée du Pô. C'est parce que les communes confédérées l'emportèrent sur le champ de bataille qu'elles obtinrent le traité de Constance de 1183, qui devint la base de leurs libertés communales. En France, Nîmes, Avignon et Marseille, dont les libertés dataient du début du XIIIe siècle, se confédérèrent et limitèrent les pouvoirs de leurs princes. Étienne Marcel, le populaire chef de file du tiers état de Paris au XIVe siècle, tenta de construire une alliance entre les villes qui, avec le soutien de la paysannerie, aurait circonscrit et peut-être même éliminé les pouvoirs de la monarchie française.

Dans le nord de l'Europe, plusieurs villes et cités se confédérèrent, non seulement pour promouvoir le commerce et leur commune prospérité, mais aussi pour protéger leurs libertés. Entre 60 et 80 villes d'Allemagne du Nord, y compris les grands ports de la Baltique, fondèrent la Ligue hanséatique, qui contrôla le commerce maritime du Nord pendant plusieurs siècles. Également de nature commerciale et défensive furent les deux Ligues de la Rhénanie, dans ce qui est aujourd'hui l'Allemagne. Dès 1300, la plupart des municipalités de la Souabe, en Allemagne méridionale, avaient obtenu le statut de cités impériales libres, c'est-à-dire qu'elles étaient presque libres de tout contrôle de l'empereur Charles IV et des princes, qui n'en prétendaient pas moins détenir l'autorité sur elles. Poussant plus loin, sans attendre l'autorisation de l'empereur, elles formèrent en 1384 la première Ligue de la Souabe (Schwäbischer Städtebund). Quant aux Pays-Bas, au XVIe siècle, les communes flamandes unirent leurs forces pour se révolter contre les seigneurs, et deux siècles plus tard les villes hollandaises et leurs *Stadhouders* s'unirent pour renverser la domination espagnole et poser les bases d'une confédération hollandaise.

En réalité, aussi récemment qu'au XIXe siècle, on ne pouvait encore voir clairement qui, de l'État-nation ou de la confédération, définirait les contours du pouvoir en Europe. Les formes fédératives abondaient encore en Europe centrale et du Nord. Le long délai écoulé avant la création des États-nations en Allemagne et en Italie est dû en grande partie aux obstacles posés par les cités et leurs confédérations, et même si l'esprit de clocher en fut un facteur, la forte tradition d'autonomie municipale et de résistance à la centralisation joua un grand rôle.

L'urbanisation

De nos jours, la municipalité est menacée par des forces que les villes rebelles et autonomistes des siècles passés n'auraient jamais pu imaginer. L'urbanisation, ce gâchis immense et informe du capitalisme, dévore les entités à échelle humaine qu'ont été les villes. Les petites communautés sont absorbées par les plus grandes, les cités par les métropoles et les métropoles par d'énormes agglomérations formant une ceinture mégapolitaine. L'étalement, le lotissement, les autoroutes, les centres commerciaux anonymes, les stationnements et les parcs industriels se répandent toujours plus avant dans la campagne. Une pareille urbanisation est de mauvais augure pour le potentiel libertaire de la cité et pour sa persistance comme source de démocratie directe. En fait, l'urbanisation est en passe d'achever l'œuvre des empereurs romains, des monarques absolus et des républiques « bourgeoises » d'il y a si longtemps : la destruction du champ politique.

En Amérique du Nord et en Europe, les gens sont déjà en train de perdre le sens de la citoyenneté et de la politique comme pratique d'autogestion démocratique de la communauté ; ils sont peut-être aussi en train de perdre le sens même de la cité. En fait, la gestion d'une ville ressemble de plus en plus à celle d'une compagnie. Le succès d'une ville réside désormais uniquement dans le fait d'accumuler des surplus et de fournir les infrastructures nécessaires pour promouvoir la croissance des sociétés privées. Elle aura échoué si elle a un déficit et opère sans efficacité selon les normes commerciales et industrielles. Le contenu *éthique* de la vie urbaine est remplacé par des critères d'affaires, qui mettent l'accent sur les « bilans » pour stimuler la croissance, c'est-à-dire pour accélérer l'accumulation du capital, ce qui augmente l'assiette fiscale, et en général pour promouvoir une expansion urbaine insensée. Les fondements mêmes de la démocratie civique sont menacés.

La réaction civique

Aux États-Unis d'Amérique, les commentateurs de toutes tendances politiques déplorent le déclin de la « sphère civique ». Libéraux et conservateurs jettent un regard nostalgique sur le temps béni où les Américains étaient davantage orientés vers la communauté et plus actifs politiquement, mieux informés et plus soucieux des affaires publiques. Ils déplorent la perte de cette fameuse tendance associative que soulignait Tocqueville en 1832, c'est-à-dire la propension à créer des groupes civiques, des associations de quartier, des cercles, etc. Alors que les libéraux attribuent cette perte au pouvoir illimité des compagnies, les conservateurs blâment la tyrannie de l'État centralisé.

Le municipalisme libertaire déplore lui aussi la diminution de la sphère publique, du champ politique local. Mais il soutient que ni le capitalisme seul ni l'État-nation seul ne sont responsables de ce déclin; ils en sont responsables ensemble, puisqu'ils font tous deux partie d'un même système. L'État, comme nous l'avons vu, a commencé à miner les libertés municipales longtemps avant que le capitalisme n'atteigne sa position dominante et il continue à le faire en dépouillant la vie communautaire au profit de la bureaucratie. Mais le capitalisme, en érodant l'activité publique en faveur du marché et en créant d'intenses pressions économiques sur les hommes et les femmes du commun, a accéléré la démolition des libertés municipales au point où celles-ci pourraient disparaître complètement de la face de l'Europe et de l'Amérique du Nord. Leur synergie a détruit à la fois la vie communautaire et l'individualité et, en même temps, elle a forcé les gens à se préoccuper uniquement de leur survie matérielle plutôt que des questions plus larges de l'autogestion communautaire.

Le municipalisme libertaire n'est pas d'accord non plus avec les remèdes prescrits par les libéraux et les conservateurs pour restaurer la sphère civique. Les conservateurs recommandent la dévolution des pouvoirs « fédéraux » (soit les pouvoirs de l'État-nation) au niveau régional (États fédérés, provinces), supprimant ainsi la bureaucratie centrale. Une telle dévolution, croient-ils, éliminerait la main trop lourde du gouvernement central, de sorte que le « libre marché » pourrait faire jouer sans entraves sa main invisible et restaurer l'indépendance et l'esprit d'entreprise individuels. Cette solution est manifestement inadéquate, puisque faciliter l'expansion capitaliste ne fait qu'accélérer la destruction du champ politique.

De leur côté, les libéraux veulent restaurer la sphère civique en encourageant la participation des citoyens aux processus de l'État. Ils voudraient que les citoyens votent en plus grand nombre, qu'ils écrivent à leurs députés à propos de leurs préoccupations, qu'ils participent à des assemblées publiques électroniques; ils voudraient généraliser l'utilisation de la pétition et du référendum, ou encore ils proposent la représentation proportionnelle. Par de tels moyens, soutiennent-ils, on donnerait une plus grande part du pouvoir de l'État à ceux qui l'utiliseraient pour restreindre le capitalisme. Mais la solution libérale est aussi problématique puisqu'elle laisse intacts à la fois le capitalisme et l'État-nation. C'est simplement une façon de s'adapter aux paramètres de l'État-nation et de laisser le capitalisme à peu près tranquille, lui donnant peut-être un « visage humain ».

Le municipalisme libertaire, au contraire, est une philosophie politique révolutionnaire qui veut évincer à la fois le capitalisme et l'État-nation et les remplacer par des relations sociales coopératives plus humaines. Comme nous allons le voir, il commence avec ce qui reste du champ politique local et travaille pour le revitaliser et en faire une force puissante qui donne le pouvoir aux gens de manière à ce qu'ils soient capables de débarrasser nos sociétés de ces processus sociaux destructeurs.

Heureusement, la cité est un lieu de résistance qui n'est pas encore entièrement oblitéré. Submergée par l'État-nation urbanisé et voué au capitalisme, la cité perdure néanmoins comme présence historique, dépositaire de traditions, de pulsions et de sentiments très anciens. Elle abrite la mémoire d'une liberté perdue, de l'autogestion d'antan, de la liberté civique d'autrefois pour laquelle les opprimés ont lutté pendant des siècles de développement social.

Que de telles traditions, qu'une telle mémoire perdurent est en soi un défi à l'État-nation. La municipalité, en fait, continue à hanter l'État comme siège irrépressible d'autogestion politique. Ainsi, quel que soit le degré d'érosion qu'aient causé l'État, l'urbanisation et le capitalisme, une vie politique municipale affirmée persiste à l'état latent comme perspective d'avenir et promesse d'émancipation humaine.

De nos jours, malheureusement, cette mémoire est trop souvent réanimée par la droite plutôt que par la gauche. À la fin des années 1980, une Ligue lombarde xénophobe a vu le jour dans le nord de l'Italie. Astucieuse, elle appelle au démembrement de l'État italien au profit de l'autonomie régionale. Mais la Ligue cherche aussi, et ce n'est pas une coïncidence, à mettre fin au flot d'argent que l'État transfère du Nord (de loin la région la plus riche de l'Italie) vers le Sud, plus pauvre. Le mouvement prétend revenir à la confédération médiévale des cités de la vallée du Pô qui vainquit Barberousse, même si cette fois l'ennemi présumé ne se situe pas de l'autre côté des Alpes, mais ailleurs en Italie. Il est triste de constater que la condition de la gauche libertaire est telle que sa conception autrefois chérie du communalisme et du confédéralisme municipaux a été récupérée et travestie par la droite à des fins réactionnaires.

Le municipalisme libertaire n'est pas une révolte des contribuables ; ce n'est pas un stratagème pour permettre aux cités et villes riches de se débarrasser des impôts prélevés pour soutenir les plus pauvres. Au contraire, comme nous allons le voir, il cherche à éliminer complètement les disparités entre les régions riches et pauvres.

Actuellement, l'antipathie à l'égard du gouvernement central fermente dans plusieurs pays occidentaux sous différentes formes, allant du simple scepticisme quant à l'efficacité de l'État jusqu'au ressentiment à l'égard de son usurpation du pouvoir du citoyen, voire à la haine absolue de ses empiétements. Avant que ces sentiments ne soient à leur tour exploités par la droite, ils doivent être canalisés vers des buts progressistes.

À moins que la société de marché concurrentielle et accumulatrice qui prévaut actuellement ne soit acceptée comme la fin naturelle de l'histoire, le champ politique doit être ranimé et étendu dans un mouvement conscient en faveur de la démocratie directe municipale. Ici, la distinction entre la société, la politique et l'État devient un programme urgent. Le champ politique doit être ravivé (ou créé, là où il n'existe pas) avec un contenu démocratique élargi au-delà des limites des ères précédentes, de sorte qu'il devienne une sphère de changement, d'éducation, de pouvoir et de confrontation avec l'État et le capital. Comme lieu d'autogestion et de démocratie directe et populaire, le champ politique est le seul domaine qui ait la possibilité de s'opposer à l'État-nation, à l'urbanisation et à la société capitaliste, et aux fléaux que ceux-ci répandent dans la société tout entière.

CHAPITRE 6

La municipalité

L E MUNICIPALISME LIBERTAIRE est le nom par lequel on désigne le programme qui veut recréer et élargir le champ politique démocratique comme champ d'autogestion de la communauté. Pour cette raison, le point de départ de ce programme ne peut être que la communauté.

Une communauté comprend les individus dont les foyers sont concentrés dans le voisinage d'un espace public et qui forment ainsi une entité communautaire identifiable. Cet espace public, qu'il s'agisse d'une place, d'un parc ou même d'une rue, est le lieu où la vie privée s'efface derrière la vie publique, où ce qui est personnel devient plus ou moins communal. À l'abri des quatre murs de leur foyer, les gens jouissent des plaisirs et répondent aux exigences de la vie privée ; mais une fois franchi leur seuil, ils entrent dans un monde où ils deviennent accessibles aux autres, tout en préservant à un certain degré l'intimité de la vie privée. Ici, les gens se rencontrent sur une base régulière ou occasionnelle, sans l'intermédiaire du téléphone ou de l'écrit, et, après plusieurs rencontres, il se peut qu'ils se connaissent.

Ce n'est pas la parenté ou l'ethnicité partagées qui rendent possibles les liens dans la sphère publique (bien que dans certaines parties des villes, des gens appartenant aux mêmes groupes ethniques choisissent parfois de vivre dans le même quartier). Ce n'est pas non plus un même lieu de travail que les gens quittent après avoir gagné leur pain quotidien. C'est plutôt la proximité résidentielle et les problèmes et intérêts communs qui apparaissent dans une communauté particulière, telles les questions relatives à l'environnement, à l'éducation et à l'économie, lesquelles fournissent les fondements d'une vie civique partagée. Les rencontres entre les membres de la communauté portent ainsi les germes du champ politique. Les affaires que les membres de la communauté ont en commun, contrairement à celles qui relèvent de leur vie privée, deviennent les questions d'intérêt du champ politique.

Évidemment, les gens se rencontrent face à face ailleurs dans la société, comme sur le lieu de leur travail ou à l'université, et ces endroits peuvent aussi être démocratisés ; en fait, ils doivent l'être. Toutefois, seule la communauté est ouverte à tous les membres adultes à titre de résidants, plutôt qu'uniquement aux étudiants ou aux travailleurs, et elle seule, par conséquent, peut devenir une grande arène pour la gestion des affaires de la communauté tout entière.

C'est ce potentiel politique de la communauté que le municipalisme libertaire tente de créer ou de renouveler, puis d'étendre. Ici, les gens peuvent passer de l'état de monades isolées à celui de citoyens qui se reconnaissent les uns les autres, qui sont mutuellement dépendants et qui, à ce titre, se soucient de leur bien-être commun. C'est ici qu'ils peuvent créer ces institutions politiques qui permettent une large participation et qui les soutiennent sur une base continue. C'est ici que la citoyenneté peut prendre un sens, quand les citoyens reprennent en main et élargissent le pouvoir que l'État a usurpé.

Le municipalisme libertaire donne à ces communautés politiques potentielles le nom de *municipalités*. Bien sûr, les municipalités qui existent aujourd'hui varient grandement par la taille et le statut légal ; elles vont du petit village rural à une vaste métropole comme New York. Mais elles ont encore assez d'aspects et de traditions en commun pour qu'on puisse leur donner le même nom. Le plus important de ces aspects communs est qu'elles sont toutes le lieu potentiel d'un champ politique où la tradition de la démocratie directe, dont nous avons parlé dans les chapitres précédents, peut être reconnue et élargie. Pour amener le champ politique de n'importe quelle communauté à son accomplissement comme enceinte de liberté civique, le gouvernement de la cité doit être placé entre les mains de ses habitants, les membres adultes de la communauté : les citoyens. Il faut le morceler et le démocratiser.

Décentraliser

Pour que se réalise le potentiel politique de la municipalité, la vie communautaire doit être ramenée à des proportions convenant à un champ politique démocratique. Toute ville actuelle de quelque importance doit être divisée en municipalités plus petites et gérables.

La décentralisation prend diverses formes, mais la plus importante au début concerne les institutions. Il s'agit de décentraliser la structure gouvernementale de la cité en créant des institutions politiques dans des municipalités plus petites. Dans une grande ville, cela peut vouloir dire dissoudre le gouvernement municipal et faire passer le pouvoir de l'hôtel de ville aux divers quartiers. Dans une ville plus petite, cela peut prendre une forme similaire, mais les unités locales seront moins nombreuses et plus étendues. Dans un village, la taille de l'unité actuelle est probablement assez réduite pour que la décentralisation ne soit pas nécessaire.

La ville décentralisée verra apparaître une multitude d'« arrondissements » là où il n'y avait qu'un seul hôtel de ville, de nouveaux espaces publics, de nouvelles infrastructures sous le contrôle de centres plus petits. Elle assistera au développement de la production économique locale. Des espaces verts seront créés pour que les résidants puissent cultiver leur nourriture dans des jardins locaux. Les gens qui aujourd'hui perdent des heures à voyager pour se rendre à un travail abrutissant pourront choisir de passer leur temps à développer leurs talents de charpentier ou de potier, de tisserand ou d'architecte, et en faire une activité à plein temps. Ils pourraient trouver meilleur de pratiquer un métier de soignant ou d'enseigner aux jeunes gens de la communauté l'histoire ou la littérature ou les mathématiques, au lieu, par exemple, de vendre de l'assurance-vie ou des immeubles. D'autres pourraient préférer utiliser leur temps à s'occuper des jeunes enfants, selon le mode de puériculture que la communauté aura choisi.

Pour décentraliser, il n'est pas nécessaire que toutes les institutions courantes de la vie urbaine soient reproduites en modèle réduit dans chaque quartier. Par exemple, on peut préserver les universités comme lieux de haut savoir; il serait absurde d'établir une nouvelle université dans chaque quartier. De même, il n'est pas nécessaire d'éliminer les grands hôpitaux pour les remplacer par de petites cliniques, ni de démanteler les établissements culturels pour les remplacer par de petits théâtres et musées dans chaque quartier. Toutefois, il faut les soustraire à l'entreprise privée et les placer sous le contrôle de la communauté où ils sont situés. Mais la renaissance de la vie politique de la communauté et le retour à une échelle plus petite pourraient bien entraîner un réveil culturel dans les quartiers, car les citoyens pourraient vouloir des écoles et des centres de santé, avoir besoin de théâtres et de musées dans leur municipalité, en plus de l'accès aux établissements plus vastes qui existent déjà.

En même temps que se fait la décentralisation des institutions, la *décentralisation physique* peut commencer, c'est-à-dire le morcellement de l'environnement construit d'une grande cité: ses terrains et ses infrastructures. La municipalité plus petite aura besoin de centres municipaux proportionnellement plus petits que l'hôtel de ville, et d'infrastructures, d'espaces publics, etc. également plus petits. De nouveaux espaces verts peuvent être créés près du centre de chaque nouvelle municipalité, de telle sorte que la nouvelle vie civique ait un siège. La décentralisation aidera aussi, et ce n'est pas une coïncidence, à retrouver l'équilibre entre la ville et la campagne, entre la vie sociale et la biosphère. En fait, la décentralisation physique sera indispensable pour construire une communauté écologiquement saine.

Démocratiser

Pendant que s'opèrent ces deux décentralisations, les nouvelles municipalités plus petites connaîtront aussi un processus de démocratisation. En fait, les deux sont inséparables. Les nouvelles municipalités deviendront le siège de démocraties directes.

La base institutionnelle de ces démocraties directes sera l'assemblée des citoyens, de grandes réunions générales où tous les citoyens d'un quartier donné se rencontreront, délibéreront et prendront des décisions sur les questions d'intérêt commun. Ces assemblées s'inspireront des préceptes et des pratiques les plus éclairés de leurs prédécesseurs dans la tradition de la démocratie directe (l'*ecclésia* de l'antique Athènes, la *conjuratio* et les communes médiévales, les assemblées municipales de la Nouvelle-Angleterre et les sections parisiennes) comme de celles d'autres instances de démocratie directe, n'importe où dans le monde, sans se préoccuper de savoir si elles découlent de l'histoire et des traditions propres à une région particulière.

Bien sûr, les citoyens qui formeront ces assemblées ne doivent pas copier servilement l'*ecclésia*, l'assemblée municipale américaine ou les autres exemples cités. Cela voudrait dire qu'au lieu de jeter aux poubelles de l'histoire les hiérarchies fondées sur l'ethnicité, la race, le sexe, etc., de même que les préjugés qui les accompagnaient, on les adopterait en bloc. Les citoyens doivent s'inspirer de leurs prédécesseurs pour leurs institutions politiques démocratiques, puis les faire progresser en les ouvrant à tous les adultes.

Ces assemblées se réuniront à intervalles réguliers, peut-être une fois le mois au début, puis une fois la semaine, avec toutes les réunions additionnelles que les citoyens jugeront nécessaires. Elles pourront se tenir dans un auditorium, un théâtre, une cour d'école, une salle, un parc ou même une église ; en fait, partout où l'on dispose d'un local assez grand pour recevoir tous les citoyens de la communauté. Leurs délibérations devront respecter des règles de procédure qui sont justes pour tous et permettre la participation la plus large possible, tout en observant les limites d'une durée raisonnable déterminée à l'avance.

Un des premiers gestes d'une assemblée sera de se constituer, c'est-à-dire de se définir et d'adopter les règlements pour la conduite de ses réunions. Ces règlements détermineront la procédure de prise de décisions, les postes nécessaires et les moyens par lesquels on choisira les individus appelés à les occuper, ainsi que la manière dont ils devront rendre des comptes à l'assemblée tout entière. Ces individus pourront aussi établir des comités de consultation et d'administration locale pour étudier diverses questions et faire des recommandations à l'assemblée, puis pour exécuter les politiques de l'assemblée. Ces organismes et leurs travaux seront sous la surveillance constante de l'assemblée, et leurs membres pourront être révoqués sans délai, c'est-à-dire que si les membres violent les règlements de la communauté concernant les pouvoirs des comités et des commissions, les citoyens auront le droit de les démettre de leurs fonctions et de les remplacer.

Avant chaque réunion, l'ordre du jour doit être établi, énumérant tous les points et les questions que les citoyens veulent soumettre à l'assemblée. Il faut l'annoncer assez longtemps avant la réunion, au moins plusieurs jours à l'avance, de sorte que les citoyens aient le temps de préparer leur intervention sur une question particulière. À une réunion donnée, chaque point à l'ordre du jour sera débattu en présence des citoyens réunis. Tous les aspects d'une question, le pour et le contre, seront analysés aussi complètement que possible. En fait, une société de démocratie directe qui réalise la promesse de liberté non seulement permet le débat, mais le suscite. Ses institutions politiques doivent être des forums de discussion continue, et ses réunions et ses organes doivent être ouverts à l'expression la plus complète de tous les points de vue.

Pour s'assurer que les divers points de vue seront entendus, chacun doit avoir le plein droit de parole à l'assemblée. Au début, il est très probable que ceux qui ne se sentent pas capables de s'exprimer correctement se contenteront de voir quelqu'un qui partage leur opinion l'exprimer de manière satisfaisante; mais après avoir observé le déroulement des assemblées et s'être imprégnés de la procédure de délibération, il faut espérer (en fait, c'est ce à quoi on s'attend) qu'ils développeront suffisamment de confiance en eux pour parler en leur propre nom. Au fur et à mesure que les citoyens acquerront de l'expérience dans la présentation publique de leurs opinions, ils s'exprimeront de mieux en mieux et seront de plus en plus capables de mettre de l'avant les arguments qu'ils jugent importants tout en apprenant, si ce n'est pas déjà fait, à se restreindre et à respecter le décorum. Après chaque débat, les citoyens voteront selon la conscience qu'ils ont des conséquences de leur vote pour eux-mêmes, pour les autres membres de la communauté et pour le bien commun. La règle de la majorité devra s'appliquer, c'est-à-dire que si seulement 51 pour cent des citoyens sont en faveur d'une mesure, elle sera adoptée.

Le processus de prise de décision

Parmi les gens de tendance libertaire, nombreux sont ceux qui rejettent la règle de la majorité comme principe décisionnel, parce qu'alors l'opinion de la majorité devient la politique établie de la communauté tout entière et acquiert en quelque sorte force de loi. Dans la mesure où c'est toute la communauté qui doit se conformer à la décision, quelles que soient les préférences individuelles, la règle de la majorité, soutiennent-ils, est coercitive et donc contraire à la liberté individuelle. Selon ce point de vue, comme l'a dit l'historien Peter Marshall, «la majorité n'a pas plus le droit d'imposer sa loi à la minorité, même une minorité d'une seule personne, que la minorité n'a le droit d'imposer la sienne à la majorité[1] ».

Le mode de prise de décision le plus souvent proposé comme solution de remplacement est le consensus, lequel, contrairement à la règle de la majorité, préserverait l'autonomie personnelle. Dans un processus consensuel, aucune décision n'est finale avant que chaque membre de la communauté ne soit d'accord. Un seul dissident peut empêcher sa mise en vigueur. Le veto individuel est bénéfique, croient ces libertaires[2].

La prise de décision par consensus a ses avantages et peut fort bien convenir à de petits groupes de gens très proches les uns des autres. Mais quand de grands groupes hétérogènes tentent de prendre des décisions par consensus, de sérieux problèmes se présentent fréquemment. En donnant la priorité à la volonté de l'individu, la procédure permet à de petites minorités, même à une seule personne, de contrecarrer des décisions que la majorité de la communauté favorise. Il y aura toujours des dissidents, car il est impossible que tous les membres de la communauté soient d'accord avec chaque décision; en fait, il n'est pas souhaitable qu'ils le soient. Le conflit fait partie de la politique, c'est une

---

1. Peter Marshall, *Demanding the Impossible : A History of Anarchism*, Londres, Harper Collins, 1992, p. 22. Nous traduisons.

2. Certains modes consensuels exigent moins que l'unanimité (disons 80 pour cent) pour prendre une décision. Mais plusieurs des problèmes que nous soulevons ici demeurent. Il est contestable, par exemple, que 21 pour cent d'une assemblée votante devrait toujours pouvoir faire obstruction à l'opinion de la majorité. Dans plusieurs cas, l'absence de consensus parfait a eu pour résultat qu'aucune décision n'a été prise.

condition de son existence même, et les dissidents (heureusement) sont présents partout. Quelques individus trouveront toujours qu'une décision particulière n'est pas favorable à leurs propres intérêts ou au bien public.

Les communautés qui se gouvernent par consensus y parviennent souvent en manipulant les dissidents pour qu'ils se rallient à la position majoritaire, ou même en les y forçant en secret par des pressions psychologiques ou de discrètes menaces. Ce genre de coercition peut ne pas être publique; elle pourrait, et c'est souvent le cas, se produire à l'abri des regards de l'assemblée. Cela n'en est pas moins opprimant, et d'autant plus pernicieux.

Quand la question est soumise au vote, les personnes contraintes et manipulées ont tendance à permettre que les procès-verbaux enregistrent leur position comme étant favorable à la mesure, peut-être pour éviter d'offenser la majorité, malgré leur forte opposition. Ainsi, la dissidence, pourtant réelle, n'est plus reconnue comme un effort honorable bien que manqué. Elle est effacée aussi efficacement que si elle n'avait jamais existé, au grand détriment du développement politique du groupe.

Autre scénario: si les dissidents ne peuvent être amenés à changer leur vote, on peut réussir à les convaincre de ne pas voter du tout. Ils « choisissent » de se retirer du processus de prise de décision sur cette question; ils « s'abstiennent ». Mais ce choix a pour résultat d'annuler le dissident comme être politique. C'est résoudre le problème en retirant le dissident de la sphère politique et en éliminant son point de vue du forum des idées.

En insistant sur l'unanimité, le consensus a pour effet soit d'intensifier le conflit au point de faire éclater la communauté, soit de réduire au silence la dissidence. Plutôt que de respecter les minorités, il les rend muettes. Une façon saine et infiniment plus honorable et morale de gérer la dissidence, c'est de permettre aux dissidents de voter ouvertement, très visiblement, selon leurs idées, en conservant la possibilité de modifier la décision dans l'avenir et de pouvoir faire progresser le développement politique de la communauté.

Dans une communauté où les décisions reposent sur la règle de la majorité, la minorité doit effectivement se conformer à la décision majoritaire pour éviter que la vie sociale ne se désintègre dans une cacophonie d'individus hargneux. Mais la minorité garde la liberté primordiale d'essayer de faire changer la décision. Elle est libre d'exprimer ouvertement, avec persistance et de façon ordonnée, ses désaccords raisonnés auprès des autres membres de la communauté, pour essayer de les persuader de revenir sur leur décision. Par la dissidence, même passionnée, la minorité maintient la question en vie, pose les bases qui permettraient de modifier une mauvaise décision et de devenir à son tour la majorité, en faisant du même coup progresser la conscience politique de la communauté.

Les dissidents existeront toujours, et il faut qu'ils existent dans une société libre, sinon celle-ci sombrera dans la stagnation. La question qui se pose ici est de savoir s'ils auront la liberté d'exprimer leur dissidence. La prise de décision démocratique à la majorité leur assure cette liberté. Leur dissidence doit être dûment consignée et publiquement reconnue.

CHAPITRE 7

Bâtir un mouvement

SI ON DÉSIRE QUE LES GENS reprennent possession du champ politique dans une municipalité, que les assemblées naissent et que le pouvoir revienne aux citoyens, il faut que la lutte pour réaliser ces objectifs soit l'objet d'un effort conscient. On n'y arrivera pas en s'accommodant des forces sociales existantes, et les pouvoirs établis ne serviront pas les changements aux militants sur un plateau d'argent. Au contraire, la tendance sociale actuelle pourrait fort bien être favorable à la centralisation et à l'autoritarisme plutôt qu'à la décentralisation et à la démocratisation. Pour éduquer et mobiliser les citoyens et pour établir ces assemblées, un mouvement municipaliste libertaire bien organisé est essentiel.

Ce mouvement ne naîtra pas spontanément. Il faut le bâtir consciemment, et dans une municipalité, quelle qu'elle soit, il doit être formé de plusieurs personnes qui se vouent totalement à sa naissance. Comment ces personnes doivent-elles procéder ?

La première chose à faire est de se découvrir les uns les autres et d'identifier les points de vue communs. On peut alors décider de former un groupe d'étude pour se familiariser avec les idées du municipalisme libertaire : lire la documentation de base sur le sujet (*voir la bibliographie*) et se rencontrer régulièrement pour en discuter, analyser toutes les questions soulevées et y répondre de son mieux. En s'éduquant lui-même, en se préparant à faire face à l'opposition qu'il pourrait rencontrer, le groupe se préparera à éduquer les autres et à faire progresser le mouvement.

En plus d'étudier le municipalisme libertaire, les membres du groupe pourraient aussi lire des ouvrages portant sur des thèmes qui s'y rapportent. Cela peut comprendre des œuvres sur l'écologie sociale, la philosophie dont le municipalisme libertaire est la dimension politique ; sur les traditions démocratiques particulières à leur région ou à d'autres dans le monde ; sur l'histoire des mouvements radicaux ; sur les théories démocratiques et politiques en général, y compris les œuvres des anarchistes. Ils pourraient aussi étudier des ouvrages de critique sociale. Bien sûr, posséder à fond tout ce qui vient d'être énuméré serait l'œuvre d'une vie, et il n'est certes pas nécessaire que le groupe d'études ait accompli tout cela. Même après avoir lancé le mouvement, son éducation se poursuivra, sans doute aussi longtemps que durera le mouvement.

Ayant acquis la base théorique du municipalisme libertaire, le groupe se mettra à éduquer d'autres personnes. Il devrait chercher parmi les amis et les connaissances ceux qui pourraient s'intéresser au projet et les inclure. Mais il peut aussi aider à créer d'autres groupes affiliés avec lesquels il se liera pour former la base d'un futur mouvement politique. En aidant de nouvelles personnes à comprendre ces idées, il testera sa propre compréhension et apprendra comment répondre aux questions, aux objections et aux critiques.

L'éducation populaire

Quand les membres du groupe jugeront qu'ils maîtrisent suffisamment les idées du municipalisme libertaire et qu'ils sont capables de les exprimer, ils se mettront à l'œuvre pour devenir une force dans la communauté où ils vivent. Avant de se lancer, il faudra donner à leur groupe un nom facilement identifiable de façon à ce qu'il puisse développer une identité politique claire dans la communauté.

À compter de ce moment et pendant toute la durée du mouvement, leur tâche principale sera l'éducation populaire. Les questions d'intérêt local et écologique sont un bon point de départ. Le groupe devrait étudier ces questions à fond et prendre position autant que possible dans une perspective socioécologique. Il doit produire lui-même sur ces questions une documentation qui établisse clairement son lien avec les idées du municipalisme libertaire. Ce peut être un texte qui explique sa position, par exemple, ou un rapport général sur tous les problèmes environnementaux qui affectent la communauté ou sur les conséquences sociales et environnementales probables d'un projet de développement. La publication d'un bulletin communautaire serait d'une grande valeur. Ceux qui ont des talents artistiques peuvent préparer des affiches et des tracts qui attirent l'attention sur une question particulière et sensibilisent davantage la communauté. Idéalement, le groupe devrait distribuer toute sa documentation dans l'ensemble de la communauté, dans les librairies, les cafés et les centres communautaires. Chaque document doit porter le nom du groupe, de sorte que ceux qui voudraient s'y joindre sachent où le trouver.

S'agissant des moyens proposés, l'effort d'éducation populaire doit mettre l'accent sur l'appel à la démocratie directe, à la création d'assemblées de citoyens au sein de la municipalité. Le groupe peut choisir de donner à ces assemblées un autre nom qui soit plus conforme à la tradition locale, mais il faut que par leur nature même il s'agisse d'institutions de démocratie directe qui favorisent la délibération et la prise de décision démocratiques.

Le groupe proposera au conseil municipal d'établir ces assemblées par modification de la charte municipale, en ajoutant des clauses qui reconnaissent leur existence et définissent leurs pouvoirs. Là où les assemblées existent déjà, il faut exiger que leurs pouvoirs soient renforcés.

Une autre partie de l'éducation populaire devrait prendre la forme de séries de conférences données dans des endroits publics ou des cafés conviviaux. Les membres du groupe peuvent faire ces conférences eux-mêmes ou inviter des conférenciers de l'extérieur. Plusieurs sujets peuvent être traités, comme la théorie et la pratique de la démocratie, l'histoire radicale ou des questions d'actualité dans la communauté. Si un invité ne relie pas son sujet au municipalisme libertaire, le modérateur issu du groupe doit le faire, ou des membres de l'auditoire soulèveront la question lors de la discussion qui suivra. Il faut toujours revenir sur la nécessité de créer des assemblées de citoyens.

Le groupe peut aussi organiser des actions concernant certaines questions précises, en les reliant toujours à l'exigence de créer des assemblées où les citoyens pourront en décider librement. Ce peut être une manifestation de protestation contre un projet donné ou la construction d'un centre commercial, par exemple ; le groupe expliquera alors quelles sont les forces sociales derrière ces développements. Lorsque des questions d'intérêt sont soulevées au conseil municipal ou devant la commission d'aménagement, le groupe devrait participer à toutes les consultations et proposer la démocratie directe comme solution à long terme. Il y gagnera l'expérience de la participation aux affaires publiques et, en même temps, il répandra les idées du municipalisme libertaire.

Il est très probable que les membres du groupe seront déjà engagés dans des coopératives communautaires d'alimentation, des cafés communautaires, des communes, des collectifs de production, etc. Ces organismes sont précieux à cause du rôle qu'ils jouent dans le développement de l'esprit de solidarité communautaire dont dépend la démocratie directe. Mais ils ne sont pas en soi des institutions municipalistes libertaires puisqu'ils appartiennent au champ social plutôt qu'au champ politique (*voir le chapitre 2*). Étant donné le système capitaliste dans lequel ils sont enchâssés, on ne peut compter sur la persistance de leur nature coopérative (*voir le chapitre 12*). Les municipalistes libertaires engagés dans ces associations doivent toujours garder à l'esprit leurs forces et leurs limites et, tout en rendant aux coopératives ce qui leur est dû, ils doivent centrer la plus grande partie de leur énergie sur la formation des assemblées de citoyens et le développement essentiel d'une vie et d'une culture politiques[1]. Par-dessus tout, les membres du groupe municipaliste libertaire doivent parler avec le plus grand nombre de personnes possible, avec toutes celles qui sont prêtes à les entendre, leur expliquer patiemment pourquoi les assemblées de citoyens sont nécessaires, répéter encore et encore les mêmes explications s'il le faut, et répondre de leur mieux aux questions et aux objections.

Par ce travail, le groupe attirera l'attention sur ses idées ; peu à peu, il deviendra une force dans la communauté, et d'autres

---

1. Au sujet des coopératives, voir l'entretien avec Murray Bookchin dans la seconde partie de ce livre.

voudront se joindre à lui. Cependant, avant d'accepter ces demandes d'adhésion, le groupe doit se donner des règlements pour sa propre gestion. Ceux-ci porteront sur son existence, sa procédure de prise de décision, la perception des cotisations, etc. Mais surtout, il faut y définir des conditions strictes d'admission. (Il serait bon, par exemple, de fixer une période de probation de six mois pour permettre aux nouveaux venus de se familiariser avec le groupe et ses idées.) Pour éduquer les nouveaux membres, le groupe d'origine prévoira des rencontres d'éducation à part. Il devrait, à tout le moins, consacrer une portion de chaque réunion régulière à l'éducation, c'est-à-dire à la discussion d'écrits sur le municipalisme libertaire et la démocratie directe.

La banlieue

Un groupe situé en banlieue rencontrera des problèmes particuliers que les résidants des villes ne connaissent pas. Contrairement aux citadins, quand les banlieusards sortent de chez eux, habituellement, ils n'entrent pas dans un espace public. Ils montent plutôt à bord de leur voiture et conduisent jusqu'à ce qu'ils arrivent à un autre lieu de la sphère privée : un magasin, un poste d'essence, un centre commercial ou leur lieu de travail. Il peut se passer des jours et des semaines sans qu'ils mettent les pieds ailleurs que dans des lieux privés. Les trottoirs et les autres espaces publics sont rares en banlieue, la communauté ayant presque entièrement cédé le pas à des agglomérations de maisons isolées situées en retrait de la rue, ce qui rend les rencontres fortuites hautement improbables.

Ancrée dans la vie de la communauté, la politique municipaliste libertaire est certainement plus facile à faire naître là où les gens vivent en communauté et se rencontrent fréquemment. Néanmoins, même si le sens de la communauté y est beaucoup plus dilué que dans une ville, les habitants des banlieues ont aussi de sérieux sujets d'inquiétude, qu'ils partagent avec leurs voisins et qui requièrent des efforts communs pour être résolus : au sujet de l'environnement, de l'éducation, du transport, des services de garde, de l'économie locale, pour n'en citer que quelques-uns. De nos jours, les banlieusards font face eux aussi aux problèmes causés par la pollution, l'absence de services et les licenciements. Les exigences pratiques de la vie, dans les banlieues comme dans les villes, demandent que les résidants se rencontrent, même s'ils doivent le faire délibérément et consciemment plutôt que par hasard, et même s'il faut faire l'effort de trouver un espace et de le réserver à cette fin.

Dans ces endroits, le mouvement municipaliste libertaire peut essayer de susciter lui-même des réunions publiques en les annonçant dans les épiceries, sur les panneaux publicitaires, dans les journaux locaux, etc. Si les membres de la communauté le désirent, les membres du mouvement peuvent animer ces réunions.

Les grandes villes

Les grandes métropoles présentent d'autres problèmes pour l'instauration de la démocratie directe. De vastes agglomérations comme New York ou Los Angeles sont le foyer de millions de gens densément concentrés, la plupart de parfaits inconnus les uns pour les autres, même quand ils habitent le même quartier. De telles populations peuvent sembler trop énormes pour permettre les assemblées populaires. D'un point de vue purement logistique, les délibérations et la prise de décisions seraient lourdes au point de devenir impossibles. Même dans un seul quartier, le nombre de citoyens serait trop grand pour qu'ils puissent se réunir en un seul lieu. Si tous les citoyens de New York ou de Londres tentaient un jour de se rassembler dans une *ecclésia*, la logistique serait ingérable. Aristote lui-même croyait que la *polis* devait être assez petite pour permettre à tous les citoyens d'être relativement familiers les uns pour les autres.

Non seulement ces villes sont trop grandes, mais les municipalistes libertaires pourraient conclure que leurs gouvernements sont si impersonnels et éloignés qu'elles sont davantage des États que des cités. Les hôtels de ville sont sous la coupe d'une élite (locale, certes, mais néanmoins une élite) et leurs machinations sont impénétrables pour le simple citoyen. Les campagnes électorales y sont aussi cyniques, manipulatrices et corrompues qu'une campagne nationale. Une fois en poste, les maires et les conseillers municipaux administrent d'énormes bureaucraties qui se prêtent mal à la décentralisation. Le transport, les services sanitaires et les activités commerciales requièrent un haut degré de coordination quotidienne.

D'abord, comme nous l'avons vu, les grandes entités urbaines diffèrent fondamentalement des États. Non seulement leurs histoires divergent radicalement, mais les villes conservent des vestiges d'arènes politiques qui sont absents dans l'État-nation. Très souvent, les habitants d'une cité, même une cité à l'échelle de New York, peuvent intervenir dans les affaires de la communauté à un degré qui n'est pas possible dans les affaires nationales. L'hôtel de ville, même dans ces cités gigantesques, est souvent plus accessible au simple citoyen que ne le sont les Parlements nationaux, fédéraux ou provinciaux. Il n'est pas difficile de créer des centres de quartier dans les grandes villes, et les commissions scolaires et les assemblées d'arrondissement offrent aux citoyens d'un même quartier l'occasion de se rencontrer et de discuter des problèmes communs.

En second lieu, la décentralisation ne sera impraticable que si les membres du groupe l'envisagent sous l'angle physique uniquement, en termes de territoire et de logistique. Cette décentralisation physique pourrait demander beaucoup de temps pour être menée à bien[2]. Mais la décentralisation institutionnelle peut commencer n'importe quand, dans n'importe quelle ville, et elle peut être accomplie relativement vite. Les assemblées populaires peuvent commencer n'importe où, même à l'échelon d'un pâté de maisons, peu importe la taille de la ville entière.

Une fois instaurées dans un ou quelques quartiers d'une grande ville, ces assemblées peuvent servir de modèle aux autres quartiers qui voudront former leurs propres assemblées. Les quartiers démocratisés pourront s'unir et former une confédération pour tenter de coordonner le transport, les services sanitaires, etc. Les quartiers en voie de décentralisation institutionnelle peuvent jouer un rôle transformateur dans la vie politique de l'ensemble de la cité et entraîner finalement des changements logistiques et structurels majeurs.

C'est le fait de confondre la décentralisation institutionnelle et la décentralisation physique (en fait, confondre la fin d'un

---

2. Pourtant, cela pourrait se faire plus vite qu'on le croit, comme le suggère la rapide reconstruction des villes allemandes et japonaises après la Seconde Guerre mondiale.

processus avec son début) qui fait paraître la décentralisation d'une grande ville irréalisable au premier abord.

Même les plus grandes agglomérations comprennent des communautés plus petites qui partagent un héritage culturel distinct ou des intérêts économiques particuliers. La majorité des grandes villes contiennent en leur sein de plus petites villes ou des arrondissements. Le cas de Londres est célèbre. Les cinq arrondissements de New York sont un phénomène récent, datant de 1897. Jusqu'en 1874, la ville se limitait à l'île de Manhattan. Une ville qui n'a que 100 ans n'est certainement pas devenue éternelle, quoi qu'en disent certains critiques du municipalisme libertaire.

Quelques grandes villes américaines ont déjà instauré une certaine décentralisation institutionnelle. En 1975, New York a modifié sa charte municipale de manière à renforcer ses 59 districts, chacun avec son propre conseil communautaire. Los Angeles a ses hôtels de ville locaux. Détroit, Pittsburgh et Honolulu ont dévolu un certain contrôle aux quartiers dans les années 1970. En Alaska, Anchorage a adopté un système de conseils communautaires, et en Ohio, Dayton a créé six arrondissements participatifs pour la planification urbaine.

Au cours des années 1980, en France, le président François Mitterrand tenta de décentraliser la capitale en mettant en place des conseils d'arrondissement. Mais l'exemple le plus spectaculaire de décentralisation institutionnelle est certainement celui des sections parisiennes pendant la Révolution française. La population de Paris était très nombreuse à cette époque : au moins un demi-million de personnes, une mégapole selon les critères du XVIIIe siècle. De plus, les difficultés logistiques de la cité étaient immenses, rien n'étant plus rapide à l'époque que le cheval. Pourtant, les sections fonctionnèrent avec énormément de succès, étant d'une part coordonnées par leurs délégués à la Commune et d'autre part confédérées de leur propre chef. Dans leurs démocraties participatives, non seulement elles s'occupèrent des problèmes politiques, mais elles jouèrent un rôle majeur dans l'approvisionnement de la cité en empêchant l'accaparement des denrées, en supprimant la spéculation, en supervisant le contrôle des prix et en se chargeant d'une foule d'autres tâches administratives, tout en maintenant dans la capitale française une milice qui était une force armée formidable.

S'il fut possible de pratiquer cette décentralisation institutionnelle dans le Paris de 1793, il ne devrait pas être impossible de
l'établir dans les grandes villes d'aujourd'hui. Non seulement
nous disposons de moyens de communication et de transport
hautement perfectionnés, mais nous avons aussi une compréhension des processus démocratiques beaucoup plus poussée que
celle des Parisiens du XVIIIe siècle.

De nombreuses grandes villes souffrent déjà physiquement et
sur le plan de la logistique du fardeau de leur taille, et cherchent
d'elles-mêmes des moyens de se reconstituer en villes plus petites.
Fait à signaler : dans les sondages, la majorité des Étatsuniens
disent qu'ils préféreraient vivre dans une ville plus petite que
dans une mégapole, sentiment qui pourrait bien les rendre réceptifs aux idées du municipalisme libertaire.

Chapitre 8

Les élections

Il est hautement improbable, quand les municipalistes libertaires exigeront des gouvernements municipaux en place qu'ils abandonnent leurs pouvoirs aux assemblées de citoyens, que ces gouvernements y consentent. Les municipalistes libertaires devraient par conséquent se présenter eux-mêmes aux postes électifs afin de pouvoir modifier un jour la charte de la ville pour créer les assemblées de citoyens dotées des pleins pouvoirs aux dépens de l'État.

Il est également fort peu probable que les candidats municipalistes libertaires qui se présenteront avec une pareille exigence parviennent aussitôt à se faire élire. Leurs campagnes électorales seront au début une entreprise éducative ayant pour but d'informer les citoyens quant aux idées fondamentales du municipalisme libertaire. Toute la documentation produite par le groupe pourrait servir à cette occasion. Mais pour la campagne elle-même, un document particulier sera requis : un programme politique qui résume les idées du groupe avec concision.

Ce programme devrait consister en une série de propositions qui illustrent les objectifs pour lesquels lutte le groupe : par-dessus tout, la démocratisation radicale du gouvernement municipal au moyen d'assemblées de citoyens. Mais il ne suffit pas de réclamer la démocratie directe ; le programme doit proposer des étapes qui permettront d'atteindre ce but. En fait, il doit présenter une série de demandes immédiates clairement spécifiées, puis les placer dans un contexte radical en les rattachant au but plus éloigné qu'est la transformation radicale de la société. Car le municipalisme libertaire est un mouvement révolutionnaire, pas un mouvement réformiste, et son but n'est pas de modifier le système en place, mais bien de le remplacer par un système libérateur.

On peut désigner, dans le programme, les buts immédiats et ceux de plus longue échéance par le nom de demandes minimales et de demandes maximales. Les demandes minimales sont celles qui sont réalisables immédiatement au sein du système en place ; elles sont précises et concrètes. Au contraire, les demandes maximales sont plus générales ; elles définissent la société rationnelle que le groupe espère voir un jour réalisée. Les demandes minimales doivent être formulées de telle sorte qu'elles conduisent aux demandes maximales ou en font partie. En les reliant de la sorte, le programme devrait aussi contenir des demandes transitoires pour la création et l'expansion de solutions de remplacement sur le plan social. La réalisation d'une demande minimale, puis de sa forme transitoire, devrait conduire ainsi à la réalisation d'une demande maximale plus générale.

Par exemple, la demande minimale de « modifier la charte de la cité pour établir les assemblées de citoyens » pourrait être suivie d'une déclaration de l'intention d'élargir ces assemblées pour en arriver à la réalisation de la demande maximale de la « démocratie directe ». Une autre demande minimale que pourrait proposer le programme serait de « mettre fin à l'invasion des chaînes de magasins et des centres commerciaux géants » dans la municipalité. La demande maximale serait de « remplacer l'économie de marché par une économie morale » qui se préoccuperait des besoins des gens plutôt que des profits. Comme mesure transitoire, le programme peut proposer que la municipalité mette sur pied des entreprises qui lui appartiennent et qui, en se développant, pourraient remplacer l'économie de marché. Une troisième demande minimale pourrait être de « protéger les milieux humides » ; la demande maximale qui lui est associée serait de « créer une société écologique ». Enfin, une quatrième demande minimale serait de « construire des garderies et des foyers pour les femmes battues » ; cela fait partie du but à longue échéance d'en arriver à la « justice sociale » pour la société tout entière[1].

Il faut toujours indiquer sur le programme électoral le nom du groupe et ses coordonnées de sorte que les personnes intéressées puissent communiquer avec lui. Le programme peut servir à l'éducation populaire non seulement quand les candidats sont en campagne pour un poste municipal, mais en tout temps, entre les élections aussi bien qu'en campagne électorale.

Il faut qu'il soit bien clair pour les membres du groupe que le municipalisme libertaire n'est pas une tentative de bâtir un gouvernement local plus progressiste ou plus soucieux de l'environnement en élisant au conseil municipal des candidats « éclairés ». Une pareille tendance réformiste annulerait l'effort du mouvement pour créer et élargir les assemblées de citoyens ainsi que son but plus large de transformer la société. Les candidats doivent plutôt rappeler aussi souvent que possible que le but maximal du mouvement est de créer une démocratie directe dans leur municipalité et au-delà.

La campagne électorale comme moyen d'éducation populaire

Les membres que le groupe choisit pour être candidats à des postes locaux devraient idéalement être les individus exprimant le mieux les idées municipalistes libertaires et étant le plus à l'aise pour le faire. Car, dans l'immédiat, les campagnes municipalistes libertaires sont l'occasion pour le groupe de faire connaître ses idées et de susciter le débat public. En toutes occasions — entrevues, débats et discours —, les candidats doivent réclamer la création d'assemblées de citoyens et recommander la démocratie directe. Les débats entre les candidats sont des espaces particulièrement appropriés à cet égard, alors que le porte-à-porte est un moyen sans pareil pour attirer l'attention de la population tout entière sur le programme et les idées qu'il contient.

Le groupe municipaliste libertaire doit comprendre que ses candidats ne se présentent pas en tant que personnalités, mais comme porte-parole des idées contenues dans le programme du

---

1. Pour un exemple de programme électoral utilisé par des municipalistes libertaires, voir l'annexe.

groupe. Ce sont ces idées que la campagne soumet à l'approbation ou à la désapprobation de la population, pas la personnalité des candidats. Quant à ceux-ci, ils doivent toujours répondre devant le groupe de leur conduite politique ; le but de celle-ci n'est pas la poursuite de leurs propres intérêts.

Les meilleurs lieux de la campagne électorale sont les débats auxquels assistent les citoyens, là où ils font part de leurs préoccupations et soulèvent des questions. Ces événements sont l'occasion de faire naître le champ politique, la confrontation essentielle à la démocratie directe. Les apparitions médiatiques peuvent sembler plus efficaces que les rencontres face à face parce qu'elles rejoignent un plus grand nombre de personnes, mais le groupe doit observer la plus grande prudence à l'égard des médias. L'arène médiatique repousse à l'arrière-plan la participation politique de la communauté — le face à face est supprimé —, ce qui vicie l'inclusion que recherche le municipalisme libertaire et perpétue l'isolement des simples citoyens par rapport aux affaires publiques. Cela permet aussi aux candidats d'échapper aux questions et à l'examen du public que permet le face à face.

Mais ce qui importe également, c'est que les bulletins de nouvelles de la télévision commerciale soutiennent par définition le *statu quo* et s'opposeront donc au mouvement du municipalisme libertaire. Quelques journalistes peuvent se montrer sympathiques au mouvement, mais les stations de télévision seront probablement orientées dans le sens des intérêts de leurs annonceurs. Leur couverture des actualités, quand elle ne sera pas carrément hostile, pourrait transformer les candidats municipalistes libertaires en amuseurs publics et rabaisser leur discours au rang du divertissement, en n'offrant que quelques extraits du discours et quelques photos plutôt qu'une couverture complète. Le meilleur moyen dont dispose le groupe est probablement la télévision communautaire, qui permet souvent une pleine couverture des réunions et des débats, sans censure ni interruption.

L'échec électoral

La période actuelle de réaction politique dans une grande partie du monde empêchera sans doute le succès électoral immédiat de la campagne, même dans une municipalité petite et relativement progressiste. À court et moyen terme, les candidats municipalistes libertaires perdront probablement toutes les luttes électorales auxquelles ils participeront. En ces années 1990 moins que jamais une minorité révolutionnaire peut-elle espérer obtenir rapidement un large succès populaire. Bien du temps passera avant que le mouvement ne réussisse à obtenir un succès électoral, même modeste.

Mais aussi paradoxal que cela puisse paraître, en ces temps réactionnaires, le mouvement municipaliste libertaire ne doit pas se concentrer sur le succès électoral. Bien qu'il faille sans conteste participer aux campagnes électorales, remporter la victoire ne doit pas être une question décisive. Trop souvent, des mouvements radicaux ont remporté le succès électoral avant que leurs idées ne soient implantées dans la conscience populaire, aux dépens de leurs principes de base. Ils ont obtenu des voix parce que les citoyens étaient d'accord avec leurs buts immédiats, leurs demandes minimales, souvent des objectifs réformistes ; l'éducation populaire concernant leurs demandes maximales pour une société rationnelle n'avait pas été faite. Le résultat, c'est qu'un grand fossé s'est creusé entre le niveau politique du mouvement et celui des citoyens. Pourtant, les candidats, une fois élus, devaient répondre de leurs actes devant les citoyens qui avaient voté pour eux plutôt que devant leur mouvement, ce qui ne pouvait manquer d'atténuer le radicalisme de leurs idées, dans l'intérêt du « succès » électoral.

Les mouvements verts qui sont apparus à la fin des années 1970 et au début des années 1980 dans plusieurs pays d'Europe en sont un exemple frappant, le plus notoire étant celui de l'Allemagne. À l'origine mouvement de la contre-culture, les Grünen étaient farouchement décidés à reconstruire la société suivant des principes plus écologiques. Au début des années 1980, ils se présentèrent aux élections fédérales et obtinrent suffisamment de voix pour faire élire une vingtaine de députés.

Le parti se disait que ces nouveaux parlementaires, soudain propulsés sous les feux de la rampe, utiliseraient leur position au sein de l'appareil de l'État uniquement comme tribune pour éduquer le peuple. Bien vite, toutefois, on se mit à espérer que les parlementaires fassent adopter des lois progressistes, écologiquement saines, et on voulut qu'ils s'y efforcent activement. Mais la chose n'était possible que dans la mesure où elle ne dérangeait pas le système établi. Une fois que l'adoption de telles législations devint un but, le parti cessa d'être radical. Pour augmenter ses appuis électoraux, le parti laissa tomber l'une après l'autre ses demandes radicales, et il fut rapidement absorbé par les institutions de l'État. Au début des années 1990, après que les verts allemands eurent publié une position relative au capitalisme dont certaines idées étaient plus à droite que celles du Vatican, la gauche, dégoûtée, quitta le parti. À présent, les verts travaillent main dans la main avec le système ; en fait, ils semblent vouloir travailler avec les partis traditionnels, même celui de la Démocratie chrétienne, quel qu'en soit le coût pour leurs principes. Des dérives similaires se sont produites en Grande-Bretagne, en France et en Italie, quoique à un moindre degré.

Pour éviter ce genre d'« éducation à rebours », un mouvement municipaliste libertaire doit grandir lentement et organiquement, expliquer patiemment ses idées aux simples citoyens, les éduquer sans relâche, sans se laisser démotiver par les inévitables échecs. Il doit constamment se rappeler que son but n'est pas de grossir l'élite du gouvernement local. Son objectif inébranlable doit être de créer le champ politique qui offre le plus haut degré de démocratie directe. Pour ce faire, le mouvement doit éduquer la population et refuser de se laisser apprivoiser par l'État.

Ce qui est arrivé aux verts peut amener certains municipalistes libertaires à refuser de participer à toute élection, même au niveau local. Mais les campagnes locales sont une occasion en or d'éducation populaire. Malgré les vicissitudes des élections et malgré l'effet potentiellement démoralisant des défaites, la participation aux élections devrait constamment faire partie de la pratique du municipalisme libertaire. Tant que le mouvement s'en tient à ses buts et à ses principes, il prépare une riche solution de remplacement à la société actuelle : celle de la démocratie directe municipale.

Ce que ne devraient jamais faire les municipalistes libertaires, aussi difficile qu'il soit de l'éviter, c'est de permettre que leurs activités soient guidées par le nombre de voix qu'ils ont recueillies dans une élection, ou de gaspiller de longues soirées à contempler et à analyser les résultats de leurs adversaires. De telles préoccupations conduisent invariablement à l'un des résultats suivants :

ou bien le désespoir, ou bien le désir de remporter l'élection à n'importe quel prix, comme cela est arrivé aux verts. Plutôt que de rechercher un plus grand nombre de votes dans la communauté, le groupe doit donner la priorité à la qualité ; il doit se satisfaire d'un groupe petit, mais qui grandit lentement, de membres et d'adhérents hautement conscientisés, plutôt que de rechercher un plus grand nombre d'électeurs qui connaissent à peine les idées du municipalisme libertaire — c'est-à-dire se constituer un « électorat ».

C'est seulement dans une communauté dont la conscience politique et démocratique a été développée par le mouvement qu'il serait désirable qu'un candidat municipaliste libertaire gagne une élection. Mais quand — et si — les citoyens élisent un municipaliste libertaire parce qu'ils sont d'accord avec le programme du groupe, le candidat doit continuer à être fidèle à la fois au programme et aux citoyens en commençant immédiatement le travail de création des assemblées de citoyens (ou, quand elles existent déjà, d'extension de leurs pouvoirs, y compris le pouvoir légal de formuler des politiques qui lient la communauté tout entière).

L'antiélectoralisme libertaire

Bien des anarchistes individualistes objecteront que des expériences comme celle des verts sont le lot de tout mouvement qui participe à des élections. Ils rejettent le municipalisme libertaire précisément parce qu'il signifie la participation électorale, même dans des élections municipales axées sur la démocratie directe. Les élections municipales, disent-ils, sont semblables aux élections nationales ou régionales, et les élus municipaux ne sont pas différents, qualitativement, des élus de l'État-nation. Quiconque est contre l'État doit, pour être fidèle à lui-même, rejeter les élections locales et la politique municipale.

L'opposition à l'État est parfaitement juste, mais les élections ne sont pas synonymes de politique politicienne. La participation aux élections municipales et aux conseils municipaux ne se confond pas avec l'art du pouvoir, surtout quand un mouvement libertaire oriente consciemment cette participation *contre* l'État (*voir le chapitre 12*). Les villes et les États émanent de deux traditions totalement différentes qui se livrent une guerre de pouvoir récurrente, même en France, où le système est notoirement centralisé. Participer aux élections municipales dans l'intention de démocratiser la municipalité et de l'opposer à l'État, c'est se ranger aux côtés des antiétatistes dans la lutte en cours.

Les anarchistes, il faut le souligner, n'opèrent pas une division tripartite de la société entre champ social, champ politique et État. Ils annulent le champ politique en le confondant avec l'État, en acceptant l'interchangeabilité traditionnelle de la politique et de l'art du pouvoir, une confusion qui profite directement aux étatistes. La bataille contre l'État, à leurs yeux, doit se livrer dans le champ social — c'est-à-dire au sein de groupes sociaux parallèles, comme les coopératives — et non dans le champ politique, dont ils nient jusqu'à l'existence.

Pourtant, l'anarchisme a toujours comporté une tendance communaliste, en plus de ses tendances individualiste et culturelle. Le communalisme propose l'idéal des communes décentralisées, sans État, et gérées collectivement : essentiellement, des municipalités confédérées. Comme on peut le voir dans les œuvres de Kropotkine et de Bakounine, l'orientation de cette tendance communaliste est depuis longtemps municipaliste. Par exemple, Bakounine a bien vu que les conseils municipaux sont essentiels à la vie politique des gens. Le peuple, écrivait-il, « possède un bon sens pratique quand il s'agit des affaires de la commune. Il est assez bien informé et sait choisir en son sein les gens les plus capables. Voilà pourquoi les élections municipales ont toujours le mieux reflété le sentiment et la volonté du peuple[2]. »

Cependant, le cœur politique de la tendance communaliste n'a pas été suffisamment développé dans les écrits socioanarchistes. C'est cette lacune que le municipalisme libertaire se propose de combler.

Les assemblées extralégales

En bien des endroits, le groupe municipaliste libertaire découvrira que la municipalité n'a pas de charte, ou que le conseil municipal ou d'autres instances font constamment obstacle à ses efforts pour modifier la charte afin de donner du pouvoir à des

---

2. Traduction libre. Pour une excellente étude de la pensée de Bakounine : Sam Dolgoff (dir.), *Bakunin on Anarchism*, Montréal, Black Rose Books, 1980.

assemblées de citoyens. Le conseiller municipaliste libertaire s'apercevra qu'il est impossible de persuader les autres membres du conseil de légaliser ces assemblées. Peut-être même que la communauté n'aura pas encore atteint le stade où elle est prête à élire des conseillers municipalistes libertaires.

Dans tous ces cas, le groupe peut créer de son propre chef des assemblées de citoyens extralégales et les convoquer, appelant tous les citoyens à y assister et à y participer. Ces assemblées peuvent se tenir régulièrement et débattre des questions locales, régionales, nationales et même internationales si elles le désirent, et publier des résolutions et des déclarations qui expriment leurs points de vue. Pour structurer les réunions, les participants devraient adopter des règlements guidant la conduite de leurs affaires. Enfin, ils peuvent énoncer les pouvoirs politiques qu'ils revendiquent pour l'assemblée.

Les assemblées dépourvues de statut légal peuvent néanmoins exercer un énorme pouvoir moral. Au fur et à mesure que des citoyens comprendront leur signification et assisteront aux réunions, les structures municipales existantes pourraient n'avoir d'autre choix que de leur consentir un pouvoir structurel légal.

Une fois franchie cette première étape, un programme transitoire pour étendre les pouvoirs de l'assemblée peut être mis en œuvre. La maturation de la démocratie populaire — quand l'assistance aux assemblées augmente et que les citoyens s'approprient l'institution — donnera *de facto* encore plus de pouvoir aux assemblées. En fin de compte, la charte de la cité devra être modifiée pour reconnaître ce nouveau pouvoir politique et déclarer que les assemblées détiennent le pouvoir souverain dans la communauté. À compter de ce moment, les assemblées pourront travailler pour réaliser les demandes maximales de la politique municipaliste libertaire : la confédération des assemblées municipales et la création d'une société rationnelle.

Il est évident que la rapidité avec laquelle la sphère publique autogérée sera institutionnalisée dépend du niveau de conscience de la population. Beaucoup de patience, soulignons-le, sera nécessaire de la part du groupe municipaliste libertaire, mais son entreprise politique possède le potentiel pour transformer radicalement la vie politique.

Chapitre 9

La formation de la citoyenneté

LE LIBÉRALISME, théorie politique essentielle au système représentatif de l'État, pose comme unité irréductible l'individu libre qui, au moment suprême de son pouvoir souverain, exerce sa volonté autonome en choisissant dans l'isoloir parmi un éventail d'options. Notre société prend très au sérieux cette conception individualiste, faisant grand cas de la personne souveraine qui, sans relâche et à tout coup, maximise son intérêt personnel. De tels individus jouissent, dit-on, de droits et de libertés qui incluent le droit d'être exempt de presque toute restriction dans la poursuite du profit. En fait, dans l'idéologie américaine, la liberté elle-même est confondue avec un individualisme, une indépendance et une autonomie héroïques autant qu'avec l'esprit d'entreprise.

Pourtant, cet individu tant vanté n'est rien d'autre qu'une fiction. Nul ne peut être totalement autonome ni indépendant d'un noyau social, que ce soit dans la vie privée qui le nourrit ou dans la vie communautaire qui nourrit la communauté. On ne mesure pas la liberté uniquement à l'aune de l'autonomie et de l'indépendance, puisque ce sont essentiellement des concepts négatifs — « le droit de ne pas… » — qui définissent une liberté personnelle plutôt que sociale. Loin de rehausser la liberté sociale et politique de l'individu, l'autonomie la subvertit. En fin de compte, elle annule la liberté en détruisant les dépendances mutuelles, le tissu des interrelations, le substrat civique et social de la liberté.

C'est un paradoxe, mais l'individualité, au contraire de l'individualisme, n'acquiert sa substance que dans l'interdépendance sociale, et non dans l'indépendance, puisque le soutien et la solidarité de la communauté fournissent le cadre dans lequel agit l'individu. « Les qualités personnelles les plus appréciées, a écrit Max Horkheimer, telles que l'indépendance, la volonté de liberté, la sympathie et le sens de la justice, sont des vertus sociales autant qu'individuelles. L'individu pleinement développé est le couronnement d'une société pleinement développée. Émanciper l'individu ne signifie pas l'émanciper de la société, mais sauver la société de l'atomisation, une atomisation qui peut très bien atteindre son sommet dans les périodes de collectivisation et de la culture de masse[1]. »

Moins que tout la société atomisée fait naître la citoyenneté active, mûre, nécessaire à la démocratie directe. Dans les sociétés de masse actuelles, comme nous l'avons vu, les citoyens sont réduits au statut d'« électeurs » et de « contribuables ». Loin d'augmenter leur maîtrise, l'État et le système capitaliste les infantilisent. Se concevant comme *pater familias*, l'État gère la vie civique à leur place, ostensiblement pour leur bien, mais il perpétue ainsi leur dépendance et leur subordination. En même temps, le capitalisme remue ciel et terre pour en faire des consommateurs insatiables et insatisfaits, affamés non pas de pouvoir mais d'aubaines. La passivité même des citoyens, le peu d'importance qu'ils accordent aux processus de l'État les rendent plus vulnérables à la manipulation, que ce soit par de fortes personnalités ou par de puissantes institutions.

Le suffrage universel, exprimé dans l'intimité de l'isoloir, n'est qu'un maigre substitut à la vie politique active. Ce qui est enregistré, classifié et quantifié ici, ce sont les préférences personnelles envers les candidats, comme le sont les goûts des consommateurs à l'occasion d'une étude de marché ; l'analyse permettra d'inventer des stratégies de mise en marché plus efficaces pour les prochains candidats.

---

1. Max Horkheimer et Theodor W. Adorno, *La dialectique de la raison. Fragments philosophiques*, Paris, Gallimard, 1983.

Pour élargir la participation des citoyens et la démocratie elle-même, quelques observateurs ont proposé d'étendre l'utilisation d'instruments de « démocratisation », comme le référendum, par lequel les gens se prononcent sur une question précise. Mais les référendums n'offrent jamais que des options préformulées ; ils ne permettent pas la formulation collective d'un grand éventail de possibilités. Comme pour le suffrage universel électoral, le suffrage universel référendaire perpétue la dégradation de la participation politique au rang de simple enregistrement des préférences. Il transforme les citoyens en consommateurs, les grands idéaux en goûts personnels et les idées politiques en pourcentages.

Nulle réalité ne peut être plus éloignée de l'idéal libéral de l'individu souverain, maîtrisant lui-même et son environnement, que des consommateurs passifs face aux options proposées par un État paternaliste. Pourtant, l'idéal de l'autonomie est l'idéologie dominante dans les sociétés de masse actuelles, aussi compromis qu'il soit par l'État, l'urbanisation, les hiérarchies et le capitalisme. Cette idéologie n'est pas seulement une imposture, c'est une farce cruelle.

La citoyenneté

Le municipalisme libertaire croit que la dépendance passive envers un État élitiste n'est pas, tout compte fait, la condition finale de l'existence politique humaine. Une façon d'être plus active est possible, à cause de ce qui fait des êtres humains des êtres sociaux, notamment leur capacité de raisonner, leur dépendance mutuelle et leur besoin de solidarité. L'interdépendance et la solidarité, en particulier, peuvent devenir le terreau psychologique, voire moral, de la citoyenneté, et donc de la recréation du champ politique et de la démocratie directe municipale.

Créer une société municipaliste libertaire suppose ultimement une transformation des relations sociales : remplacer l'État, l'urbanisation, la hiérarchie et le capitalisme par des institutions de démocratie directe et de coopération enracinées dans le champ politique municipal. Mais son succès dépend aussi des qualités morales des individus qui composent cette société.

Une telle société demanderait un caractère différent de celui de contribuables et d'électeurs passifs. Les citoyens qui sont des habitants actifs et novateurs du champ politique développeront des vertus civiques et un engagement pour le bien commun qui ne sont pas très répandus (ou claironnés) de nos jours. De telles qualités personnelles structureraient le caractère de citoyens mûrs, capables de participation politique démocratique.

Les plus importantes de ces vertus sont la solidarité et la raison. En fait, l'existence de la communauté dépend de sa capacité à fonder son avenir sur la solidarité et le discernement de chaque citoyen.

Quelle que soit la définition retenue, la citoyenneté repose sur un engagement préalable envers le bien commun, c'est-à-dire sur la solidarité. Par contraste avec le cynisme qui prédomine de nos jours, des citoyens mûrs et actifs comprendraient que la perpétuation de leur communauté politique dépend de leur soutien actif et de leur participation. Ils sauraient qu'ils ont des devoirs et des obligations envers leur communauté et ils s'en acquitteraient, sachant que tous dans la communauté sont tenus aux mêmes obligations. Ils comprendraient que c'est précisément leurs efforts communs et leur responsabilité partagée qui rendent possible la communauté.

La raison, autre qualité fort mal vue de nos jours, est aussi d'une importance capitale pour la démocratie directe. La faculté de raisonnement des citoyens est d'une nécessité vitale pour qu'ils puissent juger des meilleurs moyens pour résoudre un problème. La raison doit remplacer la partisanerie viscérale chargée d'émotivité pour faire place à des discussions et à des délibérations constructives. Elle est indispensable pour dépasser les préjugés personnels qu'entretiennent parfois les gens, de sorte qu'ils puissent traiter tous leurs concitoyens avec justice et générosité. Si quelqu'un tentait de rétablir la propriété privée et l'esprit d'entreprise et de recherche du profit, les citoyens auraient besoin du secours de la raison pour résister vigoureusement aux appels émotifs qui ne manqueraient pas d'être faits à leur intérêt personnel. Ils auront besoin de la raison, et d'une grande force de caractère, pour maintenir le cap sur le bien de la communauté.

Cela ne veut pas dire que, dans une société municipaliste libertaire, les femmes et les hommes en tant qu'individus doivent totalement se sacrifier et se subordonner à la collectivité. Au contraire, chaque individu vivrait aussi dans une sphère personnelle, avec les membres de sa famille et avec les amis et les connaissances qu'il aurait choisis pour compagnons, comme avec ses collègues de travail dans ses activités de production. En fait, dans la communauté municipale détentrice du pouvoir, les relations personnelles seraient probablement beaucoup plus enrichissantes qu'elles ne le sont actuellement, quand souvent les voisins se connaissent à peine et la famille nucléaire doit faire isolément tout le travail nécessaire au soutien de l'individu, travail autrefois partagé par la communauté et la famille étendue. La condition même d'interdépendance implique une certaine réciprocité entre les individus. À titre de participants à une expérience audacieuse, les citoyens se reposeront les uns sur les autres pour partager leurs responsabilités et, au fur et à mesure qu'ils s'en montreront dignes, ils en viendront à se faire confiance.

En fait, l'individualité et la communauté se créeraient mutuellement. Les décisions communes auxquelles contribueraient les citoyens individuellement modèleraient le contexte social dans lequel ils vivent. Le domaine politique renforcerait le domaine personnel en lui donnant du pouvoir, alors que le domaine privé renforcerait le politique en l'enrichissant. Dans ce processus réciproque, l'individuel et le collectif se nourriraient l'un l'autre plutôt que de se subordonner l'un à l'autre.

Malgré les nombreuses différences qui existaient entre eux, les citoyens de la démocratie de l'antique Athènes percevaient en général la citoyenneté comme la forme la plus authentique de l'expression personnelle plutôt que comme un fardeau de renoncement personnel. Ils croyaient que les êtres humains sont par essence des êtres politiques et que la participation politique fait partie de la nature humaine. Ils désapprouvaient particulièrement les conceptions de la politique qui placent l'intérêt privé avant le bien commun. La reconnaissance collective du devoir et de la responsabilité, partagés par tous, était étayée par des sentiments collectifs de grande solidarité et un engagement ferme envers la raison. Deux mille ans plus tard, une version de cette notion trouvera son expression dans la maxime de la Ire Internationale — « Pas de droits sans devoirs, pas de devoirs sans droits » — qu'anarchistes et marxistes intégrèrent à l'éthique du socialisme révolutionnaire.

La *paideia*

Si l'autorité de l'État repose sur l'hypothèse que le « citoyen » est par essence un mineur incompétent et déraisonnable dont les affaires doivent être gérées par des professionnels, le municipalisme libertaire tient le contraire pour acquis. Il considère chaque citoyen comme étant potentiellement assez compétent et raisonnable pour participer directement à la vie politique démocratique. Son postulat est qu'avec l'apprentissage et l'expérimentation les citoyens peuvent délibérer, prendre des décisions paisiblement et mettre en œuvre leurs choix de façon responsable. Il croit que la politique est trop importante pour être laissée aux professionnels ; elle doit plutôt devenir la province des amateurs, des gens ordinaires.

Ce choix de l'amateurisme, comme nous l'avons vu, régnait dans la *polis* athénienne. À de très rares exceptions près, les postes étaient occupés par des personnes dont le nom était tiré au sort. Presque tous étaient comblés au hasard en vertu du principe que chaque citoyen est politiquement compétent pour répondre aux exigences de la plupart d'entre eux.

Une politique animée par des amateurs suppose donc que les citoyens ont atteint un haut degré de maturité politique, si haut qu'aucune élite de « spécialistes » n'a la responsabilité de gouverner. Cependant, les pratiques et les vertus nécessaires à la citoyenneté ne surgissent pas toutes seules de l'esprit humain ; à l'instar de toutes les formes de comportement civilisé, elles résultent d'une éducation soignée. Jusqu'à un certain point, les enfants apprennent ces pratiques dans leur famille : souvent, on enseigne aux tout-petits à partager, pendant que les plus grands font l'apprentissage de la confiance en soi et de la pensée critique. Mais en général, les vertus et les compétences nécessaires à la citoyenneté doivent être consciemment cultivées par une éducation politique particulière qui inclut le développement du caractère, au sens de fibre morale.

Les Athéniens désignaient cette éducation sous le nom de *paideia*, la culture intentionnelle des qualités civiques et morales nécessaires à la citoyenneté. Ces qualités comprennent non seulement des vertus morales, mais une identification mûrie avec la communauté et ses valeurs, et le sens de sa responsabilité à son égard. La *paideia* enseigne la retenue et le décorum nécessaires pour maintenir une assemblée civique ordonnée, tolérante, fonctionnelle et créatrice, et transforme un groupe d'individus poursuivant leurs intérêts personnels en un corps politique délibérant qui soit « civilisé », rationnel et moral.

Comment et où peut avoir lieu la *paideia* ? Les bancs d'école ne conviennent pas et les médias de masse, loin de favoriser la *paideia*, sont uniquement capables de la miner. En réalité, l'école de la citoyenneté et de la formation du caractère est le champ politique lui-même. La citoyenneté se crée pendant la participation politique démocratique, dans la profusion des discussions et des interactions qui engendrent la connaissance, l'apprentissage, l'expérience et la raison. Dans le processus même de la prise de décision, le citoyen se développe à la fois comme individu et comme être politique, car les citoyens sont le résultat de leur propre activité politique. L'école de la politique est bien la politique elle-même.

Mais au bout du compte, le développement de la citoyenneté, plus qu'un savoir, deviendra un art. Tous les moyens esthétiques et institutionnels seront employés pour faire de la compétence latente des citoyens une réalité. La vie politique et sociale sera consciemment orchestrée pour faire apparaître une profonde sensibilité dans l'arbitrage des différences, sans écarter de vigoureux débats quand cela est nécessaire.

La citoyenneté aujourd'hui

La tâche la plus lourde à laquelle le mouvement municipaliste libertaire naissant devra s'atteler sera sans doute celle de ranimer et d'étendre les traditions morales de la citoyenneté, et de créer une sphère publique qui puisse les inculquer. En cette ère d'anomie et d'égoïsme, bien sûr, la tâche semble formidable. Les vertus et les pratiques de la citoyenneté active sont inconnues de bien des gens, de nos jours. Le cynisme attaché à la « politique » est endémique, et toute suggestion de placer le « bien commun » avant son intérêt personnel ou celui de sa propre famille risque de faire sourire. La méfiance envers la politique et même l'hostilité qu'elle inspire sont très profondes.

Pourtant, un examen plus approfondi révèle que l'objet du ressentiment populaire n'est pas la politique, mais l'État. De plus, ce ressentiment envers l'État est sain et légitime puisque celui-ci est là dans l'intérêt d'un groupe de maîtres plutôt que dans celui du bien commun. Malheureusement, la politique et l'art du pouvoir sont si étroitement confondus de nos jours que, chez bien des gens, l'hostilité envers l'État empoisonne leur attitude à l'égard de la politique. Ils deviennent hostiles aux préceptes mêmes qui pourraient leur redonner du pouvoir, qui pourraient remplacer l'anomie par la communauté et leur faiblesse sociale par l'autonomisation.

Malgré tout, la tâche de recréer une éthique civique n'est peut-être pas aussi redoutable qu'elle le paraît d'abord. Le processus même de la reprise du pouvoir par les citoyens et de la création d'une société municipaliste libertaire pourrait devenir populaire en donnant de la substance à la grande quête de sens actuelle. Il peut doter de sens des vies privatisées et apparemment dépourvues d'orientation, de sorte que les gens aient une raison de vivre qui va au-delà de la satisfaction personnelle. Ils pourraient mobiliser leurs forces et leurs talents et, ce faisant, grandir jusqu'à atteindre des dimensions qu'ils n'auraient jamais pu prévoir. L'accomplissement des buts du mouvement créerait une meilleure société, dans laquelle leurs enfants pourraient vivre avec créativité et avec le sens de la solidarité, plutôt que dans l'anxiété, la passivité et la résignation.

Le mouvement doit par conséquent offrir plus qu'un programme électoral qui s'oppose à l'urbanisation et à l'État-nation ; il doit proposer un idéal moral qui non seulement porte un jugement sur les abus de la société actuelle, mais reflète les vertus de la citoyenneté. Il doit offrir une solution de remplacement à la vacuité et à la trivialité de la vie actuelle, sous la forme des idées radicales de solidarité et de liberté. Comme les grands manifestes rédigés par les mouvements socialistes du XIXe siècle, il doit exiger la transformation morale autant que matérielle, avec une éthique qui les nourrissent toutes deux.

L'éducation civique et la *paideia* font partie intégrante du mouvement municipaliste libertaire à toutes ses étapes, du groupe d'étude jusqu'à l'assemblée municipale et à la confédération. Le mouvement devrait commencer le processus dès ses rencontres de groupe et ses conférences ; dans les discussions libres dans les cafés et les restaurants ; chez soi ; partout où les gens se rassemblent ; et spécialement au sein du mouvement lui-même, dans ses propres réunions. Ainsi, les gens dépourvus d'expérience politique pourront s'habituer à exprimer leurs opinions en public, en présence de leurs voisins, et à en débattre rationnellement. Quand les assemblées de citoyens seront établies, la *paideia* s'y poursuivra sur une base plus formelle, et la responsabilité et la solidarité deviendront cruciales dans la formulation des politiques.

Précisément parce qu'elle se fait en face à face, cette éducation civique permet de développer l'entregent et la confiance, de même que la solidarité nécessaire à la citoyenneté. La participation politique sérieuse et continue aidera à éliminer les préjugés et les susceptibilités de clocher, et les remplacera par la coopération et la reconnaissance de la dépendance mutuelle. À mesure que les gens deviendront des citoyens actifs, ils apprendront ou réapprendront le sens de la loyauté envers leurs semblables, pendant que leur engagement à faire réussir leur cause s'approfondira et intensifiera leur courage et leur générosité d'esprit.

Renforcée par la participation politique continue, la *paideia* s'étendra à mesure que les assemblées municipales attireront plus de citoyens, acquerront plus de pouvoir et se répandront dans les autres municipalités. Pourtant, tout cela n'est qu'un point de départ. La participation sérieuse à n'importe quelle lutte pour la restructuration sociale est en soi formatrice et autonomisante. Pour être passés par un processus d'éducation civique, les gens qui mettent sur pied le mouvement se seront eux-mêmes transformés en personnes plus mûres politiquement avant d'avoir terminé leur œuvre.

Chapitre 10

Localisme et interdépendance

Pour bien des gens sérieux, la perspective d'une profusion d'assemblées municipales agissant de façon autonome est problématique. La démocratie directe et la citoyenneté participative sont des idées bien attrayantes, disent-ils, mais une telle fragmentation risque fort de créer le chaos plutôt que de redonner le pouvoir au peuple. Chaque assemblée essaierait probablement de promouvoir ses intérêts particuliers aux dépens de toutes les autres.

En outre, les sociétés industrielles modernes sont trop vastes et trop complexes pour être dirigées par des entités politiques aussi minuscules que des villes et des quartiers. En particulier, la vie économique est aujourd'hui interdépendante et mondiale, et on ne peut attendre des communautés locales qu'elles prennent des décisions bien informées avec l'efficacité que requièrent la production et le commerce. Par leur nature, nos sociétés rendent nécessaire un gouvernement à grande échelle, au risque de s'effondrer complètement. On nous assure que l'État est l'outil parfait, car il permet l'application de politiques sur de vastes territoires.

Même les penseurs de tendance socialiste ou utopique qui désirent remplacer l'économie de marché concurrentielle actuelle par des formes coopératives entretiennent des doutes au sujet de la démocratie municipale. Une municipalité, objectent-ils, aussi démocratique soit-elle, ne sera jamais capable de résister seule aux pressions des puissants intérêts économiques et de classes. Pour parvenir à instaurer une société coopérative, un État, et même un État très puissant, doit pouvoir restreindre la recherche de profit illimitée des entreprises capitalistes.

D'autres critiques soulignent que, du fait de leur insularité, les petites communautés font souvent preuve d'esprit de clocher. Même dans les sociétés actuelles étroitement reliées les unes aux autres, les localités se montrent parfois arrogantes et protectrices au sujet de leurs coutumes distinctives ; si le cercle de leur vision politique passait de l'échelon national où il repose de nos jours à l'échelon comparativement minuscule de la ville ou du quartier, elles pourraient bien se replier sur elles-mêmes aux dépens d'une solidarité plus large. Elles pourraient devenir les gardiennes réactionnaires de coutumes locales trop souvent injustes ou discriminatoires et pousser jusqu'au chauvinisme pour les protéger. Un genre de tribalisme municipal pourrait apparaître, porteur d'injustices et même de tyrannie.

Les citoyens d'une municipalité chauvine pourraient décider — démocratiquement, dans une assemblée de citoyens qui pratique la règle de la majorité — que seuls les Blancs auront le droit de vivre chez eux. Ils pourraient décider de pratiquer ouvertement la discrimination contre les Noirs, d'exclure de la vie politique les femmes, les homosexuels ou tout autre groupe. Sans la force de l'État-nation pour imposer des lois contre la discrimination, les droits civils disparaîtraient. Dans la tradition politique américaine, ce sont souvent les tendances décentralisatrices — la revendication des droits des États fédérés — qui ont fait la promotion de la primauté des Blancs et de l'exclusion des Noirs de la vie politique.

Enfin, ceux qui s'opposent au municipalisme libertaire rappellent que les problèmes environnementaux ne connaissent aucune frontière politique. Supposons qu'une ville rejette ses déchets non traités dans une rivière d'où les villes situées en aval tirent leur eau potable. Un tel problème doit être résolu par une collectivité publique plus large que celle de la municipalité. Seul l'État, nous dit-on, grâce aux instruments de coercition dont il dispose, pourrait empêcher la ville en amont de ruiner la réserve d'eau commune.

Plutôt que de poursuivre des projets désespérément utopiques de démocratie directe, concluent tous ces opposants, les gens qui veulent créer une société meilleure devraient travailler à améliorer le système actuel en tentant d'augmenter la représentation populaire au sein de l'État. Bien sûr, l'État-nation ne remet pas le pouvoir décisionnel directement aux simples citoyens, mais il le donne à leurs représentants. En général, même si l'État commet certains abus, il est nécessaire pour en éviter de plus grands.

À première vue, les arguments des étatistes peuvent sembler irréfutables. Premièrement, il est vrai que le monde d'aujourd'hui est très complexe. Mais la complexité de la société n'est pas telle qu'elle exige le contrôle de l'État. Une grande partie de cette complexité provient de l'État lui-même et des entreprises capitalistes. L'élimination de l'État-nation et du capitalisme simplifierait énormément la société en éliminant leurs vastes « complexités » bureaucratiques.

Deuxièmement, s'il est vrai que la discrimination et d'autres violations des droits fondamentaux peuvent se produire dans des sociétés sans État, elles peuvent tout aussi bien se manifester dans des sociétés avec État, comme c'est si souvent le cas. Les États-nations ont commis des abus qui vont de la ségrégation raciale à l'apartheid, de l'esclavage au génocide, du travail des enfants au patriarcat et à la persécution des minorités sexuelles. En fait, les violations des droits et libertés sont le plus souvent imputables aux États.

Troisièmement, il est bien vrai que nombre de problèmes sociaux et environnementaux dépassent les limites municipales et qu'une municipalité est incapable de les résoudre seule ; tout comme il est vrai que certaines municipalités chauvines violent les droits et libertés des autres. *Small* n'est pas nécessairement *beautiful*, et l'autonomie municipale ne garantit pas en soi la sagesse et la liberté. Finalement, il est vrai que la municipalité est relativement impuissante quand il s'agit de s'attaquer à des forces sociales importantes : si elle lutte dans l'isolement, elle ne représente aucune menace.

Les critiques proétatistes ont donc raison dans leur opposition au localisme. Mais bien que le municipalisme libertaire appuie l'agrandissement du pouvoir politique local, ce n'est pas une philosophie purement localiste. Il reconnaît la nécessité d'une forme d'organisation intermunicipale pour que les citoyens soient capables de créer et de gérer une société libre et démocratique. Le localisme et le décentralisme intégraux peuvent avoir des conséquences au moins aussi désastreuses que le soulignent les étatistes.

Localisme et décentralisme

La plupart des environnementalistes radicaux contemporains proposent pour leur part de simplifier les modes de vie et de construire à l'échelon local des habitats plus simples qui conviennent mieux à ces nouveaux modes de vie. Pour eux, il faut abandonner le modèle de consommation insatiable que nous impose la société actuelle et nous concevoir comme faisant partie d'une biorégion, soit un milieu de vie naturel compris dans des limites naturelles, comme la ligne de partage des eaux ou une chaîne de montagnes. Nous devrions réduire le nombre des biens dont nous croyons avoir besoin, et la société devrait rejeter la technologie qui (présume-t-on) ruine le monde naturel. Les gens des nations les plus riches, en particulier, devraient couper radicalement leur consommation et démanteler la base technologique de leur production économique.

Au lieu d'une société de centres commerciaux, nous devrions concevoir une société décentralisée dans laquelle notre propre localité deviendrait aussi autosuffisante que possible. Il faut renforcer les manufactures locales et revenir aux humbles outils d'autrefois ; créer des coopératives locales, par exemple des coopératives d'alimentation ; produire nos propres aliments autant que faire se peut ; se passer de monnaie si possible ou adopter le troc et une monnaie de remplacement. Des communautés locales aussi autosuffisantes pourraient alors survivre par leurs seuls moyens, en dehors du courant dominant de la société. Petit à petit, elles se multiplieraient, créant ainsi une société à échelle plus humaine et plus écologique.

Ce biorégionalisme a certains points en commun avec le municipalisme libertaire, particulièrement son refus de l'économie concurrentielle, de la réduction de toute chose au statut de marchandise et de la création de besoins artificiels, comme son désir de reconstruire la société sur des bases plus écologiques. Le biorégionalisme et le municipalisme libertaire accordent tous deux énormément d'importance au renforcement du pouvoir des localités, revendiquant l'un comme l'autre la décentralisation de la société.

Mais plusieurs de ces ressemblances sont superficielles. Si le municipalisme libertaire cherche à revigorer l'échelon local, il considère que l'autosuffisance locale est un principe terriblement déficient sur lequel fonder la réfection de la société et notre rapport au monde naturel. Aucune localité — pas même celle qui pratique la démocratie directe — ne peut se suffire à elle-même. On peut s'efforcer de décentraliser la production, mais l'autosuffisance n'est pas seulement impossible, elle est indésirable.

Les municipalités dépendent les unes des autres, comme il se doit, et partagent de nombreux problèmes. Jamais les communautés ne devraient chercher à être autonomes dans leur vie économique. Chacune a besoin d'infiniment plus de ressources et de matières premières qu'elle n'en peut tirer de son propre territoire. L'interdépendance économique est tout simplement un fait ; c'est une fonction non pas de l'économie de marché concurrentielle ou du capitalisme, mais de la vie sociale, au moins depuis le Néolithique. Même les fermiers et les artisans sont interdépendants : les premiers dépendent des mines, des usines et des forges pour la fabrication de la charrue, de la houe, de la pelle, etc., tandis que les seconds ont besoin d'outils et de matières premières provenant d'une multitude de sources.

Le municipalisme libertaire ne propose pas non plus d'éliminer la majeure partie des technologies de production que nous connaissons. En fait, il s'oppose au mythe mystico-écologique populaire qui veut que la technologie soit la cause de la crise écologique. La plupart des technologies sont neutres (le nucléaire sous toutes ses formes étant l'évidente exception) ; ce n'est pas la technologie qui cause la destruction écologique, mais l'organisation sociale, surtout le capitalisme, qui l'utilise à ses propres fins destructrices. On peut utiliser la majorité des technologies à des fins qui sont soit nobles, soit ignobles ; elles ne font qu'amplifier les effets des rapports sociaux là où elles sont employées.

Une des fins nobles auxquelles la technologie est actuellement utilisée est la réduction ou l'élimination du travail pénible. Ceux qui recommandent de simplifier la vie en n'utilisant que les techniques les plus élémentaires semblent oublier que si une communauté devait produire tout ce dont elle a besoin en ne se servant que d'outils artisanaux et des techniques agricoles les plus simples, les jours des membres de cette communauté seraient faits d'un labeur écrasant, du genre de ce qui prédominait avant la révolution industrielle. Non seulement un tel labeur faisait vieillir les gens prématurément (surtout les femmes), mais il ne leur laissait pas de temps pour participer à la vie politique.

En réalité, pour que les gens soient capables de participer pleinement à titre de citoyens à la vie politique comme nous le proposons, ils doivent profiter d'une base économique et technologique qui leur permette de disposer d'assez de loisir ; autrement, les exigences de la survie et de la sûreté personnelle dans le champ privé prennent le pas sur la participation politique.

Heureusement, la création d'une société décentralisée et écologiquement viable ne requiert pas le retour au labeur incessant. L'écologie sociale (dont le municipalisme libertaire est la dimension politique) reconnaît que l'énorme expansion des forces productives des temps modernes a rendu caduc le problème de la rareté matérielle. De nos jours, la technologie est suffisamment développée pour permettre une immense extension du temps libre grâce à l'automatisation de tâches autrefois exécutées par l'humain. Du point de vue de la production, les moyens d'éliminer le travail pénible et fastidieux, de vivre rationnellement et écologiquement dans un but social plutôt que strictement privé sont en principe accessibles à tous les peuples de la terre.

Dans les sociétés actuelles, malheureusement, cette promesse de l'après-rareté — promesse de la suffisance des moyens d'existence et de l'extension du temps libre — n'a pas été réalisée, non pas parce que la technologie est mauvaise, mais parce que l'organisation sociale qui s'en sert est mauvaise. Dans la société actuelle, l'automatisation a plus souvent créé la pauvreté que le loisir : en général, son résultat est le chômage. Ou bien les gens sont absolument incapables de gagner leur vie, ou bien ils doivent effectuer de longues heures de travail sous-payé dans le secteur des services. Une société écologique, en éliminant l'organisation sociale qui crée ces deux problèmes, mettrait en œuvre tout le potentiel de la technologie au service de la société de l'après-rareté. Elle retiendrait une grande partie de l'infrastructure technologique actuelle, y compris les usines automatisées, et l'emploierait pour produire ce qui répond aux besoins primordiaux de la vie. (À tout le moins, il faudrait reconvertir ces usines pour qu'elles utilisent une énergie propre et renouvelable au lieu de combustibles fossiles.) Les machines produiraient assez de biens pour répondre aux besoins individuels et faire disparaître le travail le plus pénible, de sorte que les femmes et les hommes auraient le temps nécessaire pour participer à la vie politique tout en jouissant d'une vie personnelle riche et pleine de sens.

Si le potentiel permettant de mettre fin à la rareté matérielle a été partiellement atteint en ce qui concerne la production, il sera pleinement développé par l'apport des changements nécessaires dans la distribution. C'est-à-dire que la production ne serait plus accaparée par un groupe qui ne la rend accessible au reste du monde qu'en la vendant, comme c'est le cas à l'heure actuelle. Les biens produits seraient partagés, distribués selon les besoins des gens, en vertu d'une éthique de la responsabilité publique autant que de la raison.

Un tel partage implique de la communication, de la tolérance, des idées neuves, un horizon social plus vaste et un croisement culturel enrichissant pour empêcher la montée du chauvinisme et de la bigoterie. Mais dans une société écologique, le partage équitable ne serait pas seulement un principe moral. Pour que se réalise la promesse de l'après-rareté, il faut institutionnaliser le partage équitable : il doit s'incarner socialement suivant un principe de coopération organisée.

Cette coopération émanerait de l'interdépendance même des municipalités démocratisées, particulièrement dans leur vie économique, les questions écologiques et les droits de la personne. C'est-à-dire que non seulement elles seraient interdépendantes, mais elles devraient également institutionnaliser leur interdépendance d'une manière démocratique directe.

Chapitre 11

Le confédéralisme

LE CONFÉDÉRALISME est le grand principe d'organisation sociale et politique qui peut institutionnaliser l'interdépendance sans le concours de l'État, tout en préservant le pouvoir des assemblées municipales.

Une confédération est un réseau dans lequel plusieurs entités politiques se réunissent pour former un tout plus grand. Même s'il en résulte une entité plus grande, les entités plus petites ne se fusionnent pas et ne disparaissent pas. Elles gardent au contraire leur liberté, leur identité et leur souveraineté en se confédérant.

Dans une société écologique, les municipalités déjà démocratisées — c'est-à-dire celles dont les chartes auront été modifiées de sorte que les assemblées de citoyens détiennent le pouvoir politique suprême — formeront des confédérations sur une base régionale pour s'occuper des questions intermunicipales ou régionales. Ces confédérations institutionnaliseront l'interdépendance inhérente des municipalités sans priver celles-ci de leur liberté ni de leur souveraineté.

Au lieu d'un gouvernement central doté d'une assemblée législative qui adopte ou rejette des projets de lois, la confédération s'incarne dans un congrès de délégués qui coordonne les politiques et les pratiques des communautés membres. Dans un monde politique municipaliste libertaire, les municipalités formeront de telles confédérations en y envoyant des délégués. Ceux-ci ne seront pas des représentants : leur but ne sera pas d'élaborer des politiques ou d'adopter des lois pour ce qu'ils croient être le bien de leurs commettants présumés ignorants. Ils seront mandatés par les gens de leur assemblée municipale pour qu'ils exécutent leur volonté.

La fonction des délégués sera de faire connaître la volonté de la municipalité à l'assemblée confédérale. Avec les autres délégués, ils coordonneront les politiques pour réaliser les buts communs sur lesquels plusieurs communautés membres se seront entendues. Tous les délégués devront répondre de leurs actes devant l'assemblée qui les a mandatés à titre d'agents.

Les confédérations dans l'histoire

Les structures confédérales, faut-il le rappeler, ne sont pas une nouveauté. Les premières villes se sont alliées dans des confédérations dès l'Antiquité autour de la Méditerranée, et partout en Europe à l'époque médiévale. Au début de l'époque moderne, les confédérations occupaient autant de place que l'État-nation, avant que celui-ci n'atteigne la prépondérance qu'on lui connaît aujourd'hui.

Lorsque les villes ont pu résister à l'empiétement de l'État, elles l'ont souvent fait en se regroupant au sein de confédérations. Nous avons vu plusieurs exemples de villes formant des ligues et des confédérations au chapitre 5, mais il existe deux cas importants que nous n'avons pas encore mentionnés. Il s'agit de la Suisse et de la Castille.

De nos jours, parce qu'elle est toujours une confédération, la Suisse est une curiosité parmi les États-nations européens, moins décentralisés. Mais à une époque plus ancienne, surtout en Europe centrale, les confédérations étaient la règle et l'État, l'anomalie. Des confédérations telles que les ligues de la Souabe et de la Rhénanie étaient nombreuses aux XIIIe et XIVe siècles. La Suisse n'a fait que préserver ce mode ancien alors que ses voisins ont subi la centralisation pour devenir des États modernes. La structure gouvernementale suisse est encore assez décentralisée, avec ses 23 cantons qui possèdent beaucoup d'autonomie par rapport à l'instance fédérale, et ses 3 000 communes toujours très autonomes dans les cantons où elles sont situées.

La Suisse d'aujourd'hui a intégré plusieurs éléments de l'État (de même que des attitudes, des institutions et des éléments sociaux qui ne sont pas du tout éclairés). Le confédéralisme suisse historique nous intéresse bien davantage. Le plus frappant, ce sont les communes qui ont formé des confédérations pour leur bien commun et leur sûreté dans le territoire le plus à l'est du pays, que les Romains appelaient la province de Rhétie (aujourd'hui le canton des Grisons).

Au début du XVIe siècle, en Rhétie, trois ligues confédérales coexistaient : le Gottshausbund (Ligue de la Maison-Dieu), l'Obere Bund ou Graue Bund (Ligue grise) et le Zehngerichtenbund (Ligue des Dix Juridictions). En 1524, elles s'allièrent pour former l'« État libre » des Trois Ligues. En dépit de son nom, c'était une véritable confédération qui dura près de trois siècles, jusqu'à ce que Napoléon Ier la force à entrer dans la Confédération helvétique en 1803.

Chacune des trois ligues était formée de communes remarquablement autonomes et démocratiques. En effet, le pouvoir ultime reposait dans les communes, qui tenaient des assemblées fort semblables à celles de l'Amérique coloniale et faisaient connaître leur accord ou leur opposition à un projet par voie de référendum. Elles contrôlaient leurs propres affaires judiciaires et économiques. Elles fonctionnaient selon des principes étonnamment communistes, utilisant leurs ressources locales d'une manière équivalant au mode de la propriété collective. Par exemple, elles privilégiaient le droit de pâturage communal. Dans une économie pastorale, cela équivaut à la négation de la propriété privée.

Le seul « gouvernement central » dans la confédération des Trois Ligues était une commission formée du chef de chaque ligue et d'une assemblée élue qui, ensemble, proposaient les référendums et exécutaient la volonté des communes. Les commissaires détenaient le pouvoir relatif aux affaires étrangères, notamment celui d'empêcher une ligue de conclure seule des alliances. Mais ce sont les communes qui décidaient de la guerre et de la paix comme de toutes les questions internes.

Ainsi, le gouvernement central n'avait à peu près pas de pouvoirs, alors que les communes les possédaient presque tous. Les commissaires n'étaient rien d'autre que les serviteurs du peuple. Puis, ils perdirent même le pouvoir de s'occuper de la diplomatie et des traités. En général, l'histoire de la Rhétie pendant ces trois siècles constitue un frappant témoignage de la capacité des communautés de démocratie directe à se gouverner en union confédérale[1].

Dans la Castille du XVIe siècle, le confédéralisme a fait partie d'une lutte révolutionnaire. En 1520, le conseil municipal de Tolède proposa à toutes les villes représentées aux cortès de former un front commun contre le gouvernement royal, qui avait introduit une fâcheuse modification dans le système de taxation. L'une après l'autre, les villes de Castille se soulevèrent. Elles organisèrent des milices civiles et démocratisèrent leurs gouvernements municipaux.

Une junte nationale — l'équivalent d'un conseil confédéral — fut constituée qui était formée des délégués de toutes les villes des cortès, devenant ainsi un pouvoir parallèle opposé à l'administration royale. Elle leva une armée de miliciens à laquelle elle adjoignit des mercenaires, et cette junte des *comuneros* remporta des victoires militaires qui menaçaient de remplacer l'État monarchique par une confédération municipale.

Le mouvement des *comuneros* avait pour but d'instaurer la démocratie municipale. Des cortès formés de délégations des villes auraient grandement limité l'autorité royale. Les propositions de Valladolid, rédigées par le mouvement, exigeaient que les délégués aux cortès soient choisis par les paroisses, c'est-à-dire par les assemblées du peuple, plutôt que par les conseils municipaux. Ces délégués devaient être guidés par le mandat de leurs électeurs et soumis aux directives de leur ville respective. On demandait que les cortès se réunissent régulièrement et qu'ils aient réglé toutes les doléances avant la fin de leur session[2].

Si les *comuneros* avaient réussi, la Castille aurait vu émerger une démocratie hautement locale, profondément ancrée dans les quartiers des cités comme dans les villes. Après un dur conflit

---

1. Un excellent livre sur cette histoire : Benjamin Barber, *The Death of Communal Liberty : A History of Freedom in a Swiss Mountain Canton*, Princeton (N. J.), Princeton University Press, 1974.

2. Voir Manuel Castells, *The City and the Grassroots : A Cross-Cultural Theory of Urban Social Movements*, Berkeley et Los Angeles, University of California Press, 1983, chapitre 2.

pendant lequel Tolède fut assiégée, l'État l'emporta sur la confédération après que l'armée royale eut réussi à vaincre les très populaires *comuneros*.

L'organisation confédérale

Dans une société écologique, les assemblées municipales de démocratie directe éliront leurs délégués à un conseil confédéral. Il s'agira d'un congrès des délégués des diverses assemblées municipales. Comme la commission dans l'exemple suisse, le conseil aura très peu de pouvoirs, n'ayant d'autre fonction que l'exécution de la volonté des municipalités.

De plus, les délégués auront le devoir de se conformer au mandat donné par leur municipalité, un mandat écrit portant des directives claires. On ne leur permettra pas de prendre des décisions politiques sans avoir reçu les directives précises de leur municipalité. Totalement responsables devant les assemblées de citoyens, ils pourront être destitués s'ils trahissent leur mandat.

Le but premier du conseil confédéral sera de coordonner et d'exécuter les politiques formulées par les assemblées (un rôle administratif), et non de prendre des décisions politiques.

Politique et administration

La distinction entre l'élaboration des politiques et leur exécution, entre la politique et l'administration, est à la base même du municipalisme libertaire.

Dans leurs assemblées, les citoyens élaboreront les politiques au niveau municipal. Ils débattront des diverses actions possibles au sujet d'une question, puis ils décideront laquelle choisir. Supposons qu'il s'agisse de construire une route. Après avoir pesé le pour et le contre, les citoyens pourront conclure qu'il est nécessaire de construire la route. Ceci est un exemple de décision politique.

Cette route pourra suivre divers parcours. Les ingénieurs de la communauté prépareront des plans pour chaque tracé, résolvant chaque problème technique des divers parcours, puis ils présenteront ces plans à l'assemblée. Ils devront expliquer clairement chaque option aux citoyens. Il est possible que peu de citoyens dans la communauté sachent comment construire une route, mais il n'est pas nécessaire qu'ils soient experts en la matière. Il suffira qu'ils comprennent les explications et les différences entre les plans proposés.

Ce qui est très important, c'est que les ingénieurs ne soient pas ceux qui décident du tracé de la route (si ce n'est en leur qualité de citoyens). Ils fonctionneront simplement comme une table ronde d'experts. Après avoir débattu de tous les aspects de chaque plan, ce sont les citoyens qui choisiront le plan qu'ils préfèrent. Ce choix est un autre exemple de décision politique.

Enfin, il faudra construire la route. Contrairement aux étapes précédentes, la construction est une responsabilité purement administrative ; elle ne requiert ni délibérations ni vote. Les constructeurs exécuteront la décision prise par l'assemblée, suivant le plan choisi. Ce travail purement technique est un exemple d'administration ; il ne comprend aucune décision politique.

Dans une entité politique municipaliste libertaire, comme dans la société actuelle, plusieurs décisions exigeront d'analyser une multitude de facteurs difficiles et complexes. Mais comme maintenant, le savoir technique ne sera généralement pas nécessaire pour faire des choix politiques. De nos jours, bien peu de parlementaires seraient capables de tracer les plans d'une centrale nucléaire ou d'en expliquer le fonctionnement, mais cela ne les empêche pas de prendre des décisions politiques au sujet de l'énergie nucléaire. Dans une société municipaliste libertaire, les connaissances nécessaires seront disséminées autant que possible parmi les citoyens. Les questions techniques devront être présentées avec clarté et dans un langage simple de sorte que les citoyens ayant une compétence raisonnable puissent prendre les décisions politiques les concernant. La garantie que toutes les questions politiques appartiennent aux citoyens raisonnables et compétents aidera à préserver la distinction nette et institutionnalisée entre la politique et l'administration, ce qui rendra possible l'exercice de la démocratie directe.

Dans son étude de la Commune de Paris de 1871, Karl Marx a énormément desservi la pensée sociale radicale en célébrant le fait que la Commune avait joint la délégation des décisions politiques à leur exécution par ses propres administrateurs. En réalité, cette fusion des deux fonctions est un défaut majeur de la Commune. Quand ceux qui sont les administrateurs en viennent à prendre les décisions politiques, les fondations de l'État sont en place : une élite est en train d'usurper le pouvoir de décision des citoyens.

Comme nous l'avons vu, au début de la colonie du Massachusetts, les conseils municipaux, qui étaient supposés ne remplir que des fonctions administratives, prenaient aussi des décisions politiques, s'arrogeant le pouvoir qui appartenait aux assemblées municipales. Quand on permet à des corps administratifs de fonctionner sans la surveillance minutieuse de la population, ils peuvent prendre des décisions politiques subrepticement et les déguiser en questions administratives ou « techniques ». En distinguant clairement les deux fonctions et en préservant cette distinction, on s'assurera, autant qu'il est humainement possible de le faire, que les administrateurs ne prennent que des décisions administratives, et non pas politiques.

Le référendum confédéral

Dans la nouvelle cité que nous envisageons ici, l'élaboration des politiques sera le privilège exclusif des assemblées municipales, des citoyens libres dans une démocratie directe. Les fonctions du conseil confédéral seront purement administratives et coordonnatrices : il exécutera les politiques adoptées par les municipalités.

Un des processus que coordonnera le conseil confédéral sera le vote dans l'ensemble de la confédération. Supposons qu'une communauté membre menace l'environnement (en déversant ses déchets dans la rivière) ou viole des droits fondamentaux (en excluant les « gens de couleur »). Une autre municipalité pourrait proposer que toutes se prononcent sur la question de savoir si cette municipalité peut poursuivre ses pratiques nocives. Le conseil confédéral coordonnera ce qui équivaut à un référendum confédéral au moyen duquel les communautés membres, si elles le désirent, décideront que cette municipalité doit mettre un terme à ses méfaits.

En respectant la règle de la majorité, le décompte des voix sera fait non pas pour chaque municipalité, mais pour la totalité du vote populaire, c'est-à-dire que chaque délégué au conseil rapportera le décompte des pour et des contre de sa municipalité, et que les votes de tous les citoyens seront additionnés pour décider du résultat final.

Un tel procédé n'est pas la négation de la démocratie, mais l'affirmation d'un accord partagé par la majorité des citoyens dans la confédération voulant que l'intégrité écologique d'une région ou les droits humains doivent être préservés. La décision n'est pas prise par le conseil confédéral, mais par la majorité des citoyens de toutes les assemblées, conçues dans leur ensemble comme une seule grande communauté qui aura exprimé sa volonté grâce à la confédération.

Dans bien des cas, le référendum ne requiert pas nécessairement une réponse par un oui ou un non. De nos jours, les référendums décrétés par et pour l'État-nation offrent un choix très limité : on ne peut répondre que oui ou non à des questions formulées d'avance. Dans la confédération des municipalités, une assemblée pourrait fort bien décider, à l'étape de ses délibérations, qu'elle n'aime pas les options proposées et préfère en formuler une autre. Dans un tel cas, les municipalités confédérées auront l'occasion de choisir parmi un éventail d'options plutôt que d'en accepter ou d'en rejeter une seule.

La primauté de l'assemblée

De la même manière qu'elles auront le pouvoir d'empêcher une municipalité particulière de causer un dommage moral ou matériel à ses propres membres ou à d'autres villes et cités, les municipalités détiendront le pouvoir ultime au sein de la confédération. Ce sont elles, collectivement, qui auront la primauté en formulant les politiques.

Le principe de la primauté de l'assemblée municipale est ce qui distingue le municipalisme libertaire de l'étatisme. Un parti anticapitaliste radical qui s'empare de l'appareil de l'État-nation et qui ne fait que reconstituer un nouvel État pourrait bien abolir la propriété privée et se saisir des moyens de production, mais cet État ne serait pas une démocratie directe. Son pouvoir sur le peuple s'étendrait certainement et, si l'on se fie à l'expérience récente, il pourrait devenir absolu s'il le renforce par le pouvoir économique. Cet État développerait sans doute une vaste bureaucratie pour asseoir son contrôle global. Quel que soit le succès qu'elle remporte pour restreindre le capitalisme, une telle trajectoire pourrait bien se révéler désastreuse.

Au contraire, consciemment formée pour permettre l'inter-dépendance, la confédération des municipalités reposera sur l'imputabilité absolue des délégués confédéraux, sur le droit de destitution des assemblées municipales et sur des mandats fermes. Ainsi, la confédération unira la prise de décision munici-pale démocratique à l'administration intermunicipale. Ce qui est le plus significatif, c'est que la confédération des municipalités réaliserait enfin le vieux rêve des mouvements révolutionnaires du passé : la « Commune des communes ».

CHAPITRE 12

Municipaliser l'économie

À MESURE QU'IL GRANDIRA et s'étendra, le mouvement pour créer une société municipaliste libertaire rencontrera sur sa route bien des adversaires sociaux. Bien sûr, l'un d'eux sera l'État-nation, cette structure de pouvoir coercitive qui a l'insolence de se dire démocratique et qui substitue à la démocratie directe un système de gouvernement des masses par une élite. Un deuxième adversaire sera l'urbanisation, cette distorsion de la cité qui aggrave la destruction du champ politique en remplaçant la cité et la communauté par la mégapole. Un troisième ennemi sera la hiérarchie, la division institutionnalisée du genre humain selon le genre, l'ethnie, la race, l'âge et le statut, en vertu de laquelle un groupe se voit attribuer le droit de dominer les autres, souvent au nom d'une mythique supériorité biologique.

Mais l'ennemi le plus pernicieux et le plus intraitable que devra affronter le mouvement pour un changement fondamental est d'un tout autre ordre : c'est le capitalisme lui-même et la dévastation sociale qu'il a infligée aux sociétés humaines partout dans le monde.

Pour bien des gens aujourd'hui, il peut sembler incongru de dire du capitalisme qu'il est l'ennemi d'une bonne vie, et plus encore qu'il dévaste le monde. Après tout, depuis la fin de la guerre froide, l'échec de l'Union soviétique aurait prouvé que la quête d'une solution de remplacement socialiste ou communiste est pour le moins malavisée, qu'elle conduit inévitablement au totalitarisme et au désastre environnemental. Du combat historique entre le « libre marché » et ses ennemis, le capitalisme est sorti triomphant ; par conséquent, le capitalisme est moralement bon.

En soi, déjà, cette attitude est une indication de l'étendue du problème auquel le municipalisme libertaire devra faire face. De nos jours, comme le craignait Marx autrefois, le capitalisme est de plus en plus entendu comme un synonyme d'« économie », c'est-à-dire comme l'ordre économique qui convient le mieux à la nature humaine, qui est aussi naturel à l'humain que de manger et de respirer, parce qu'il est l'expression d'une prétendue pulsion à croître, à lutter et à vaincre. Dans bien des esprits, la victoire du capitalisme sur toutes les autres avenues est si décisive que les partisans du marché ne se sentent plus obligés d'en faire l'apologie, comme les darwinistes sociaux autrefois. Le capitalisme serait de toute évidence l'ordre économique « naturel », et sa justesse morale serait tout aussi évidente.

Pourtant, un système qui permet à quelques rares individus de vivre dans le privilège d'un confort raffiné en exploitant le travail des autres n'a rien de moral. Il n'est pas moral d'exiger des autres qu'ils travaillent pendant des heures de plus en plus longues pour un gain de plus en plus mince. Le capitalisme n'est pas moral quand il exige des autres qu'ils travaillent pour gagner leur vie, puis fait disparaître l'emploi ou ne le rend accessible qu'à ceux qui acceptent de travailler pour des salaires inadéquats. (Les écologistes sociaux ne manqueraient pas de souligner que le système salarial en soi est immoral, sans parler de la réduction des êtres humains au simple statut de travailleurs.) Une société n'est pas morale si elle fait de la nourriture, du logement et des soins de santé le privilège de la richesse plutôt que la prérogative de l'appartenance à la communauté. Elle n'est pas morale quand elle réduit la vie à la simple survie plutôt que d'encourager le sens et la sensibilité individuels et la réalisation d'une liberté sociale positive. Pourtant, ces conditions immorales sont les séquelles du capitalisme aujourd'hui même dans plusieurs des pays les plus riches ; que dire des pays les plus pauvres ?

Bien sûr, le marché existait à d'autres époques de l'histoire de l'Occident, mais il était alors disparate et marginal, consistant en de petites enclaves commerciales éparpillées dans une société dont les valeurs et les traditions étaient largement non économiques, au sens moderne. Le travail était exploité dans les sociétés précapitalistes, évidemment. Comme nous l'avons vu, avant l'apparition des technologies de production plus avancées, non seulement le labeur existait, mais en général il était pénible. Les tyrannies féodales et ecclésiastiques ont elles aussi écrasé l'esprit humain.

Cependant, les modes de vie antiques et féodaux incluaient à la base des traditions villageoises et des coutumes communales qui donnaient de la valeur à la vie et apportaient aux individus un soutien émotionnel et matériel. Même si les gens devaient se livrer à un travail pénible, ce travail n'était pas une simple marchandise ou une force qui n'est rien d'autre qu'une valeur d'échange ; et leur environnement n'était pas structuré en termes d'achat et de vente. Au contraire, le marché et ses valeurs étaient enfermés dans des sphères limitées de la vie sociale. Les mœurs précapitalistes d'entraide et de responsabilité morale procuraient un refuge contre le mercantilisme et même, au besoin, la capacité d'y résister.

Aussi récemment que le milieu du XXe siècle, le capitalisme n'était qu'une composante — quoique fondamentale — de bien des relations sociales en Europe et en Amérique du Nord ; il était encore possible d'y échapper au sein d'entités sociales et politiques précapitalistes, notamment dans une vie communautaire qui soutenait fermement des occupations et des valeurs non marchandes.

Mais à l'heure actuelle, le capitalisme pénètre même dans ces domaines de la société autrefois libres du commerce et les colonise. De nos jours, c'est d'abord et avant tout pour leur participation au système capitaliste que les gens sont appréciés — c'est-à-dire pour leur productivité économique et leur pouvoir d'achat — plutôt que pour leur contribution à la civilisation, pour leurs services à la population et à la communauté ou pour leur simple décence morale. Les rapports marchands, la concurrence et les valeurs du profit s'infiltrent par tous les pores de la société, dans les relations familiales, éducatives, personnelles et même spirituelles, produisant non plus seulement une économie capitaliste, mais bien une société capitaliste. Quand la marchandise est omniprésente, il n'est pas étonnant que le capitalisme soit perçu comme « naturel ».

Ce n'est pas par accident, il faut bien le comprendre, que la réduction de toute chose à l'état de marchandise est devenue si profondément ancrée, si universelle. Le système capitaliste a pris de l'expansion parce qu'il est organisé autour du « croîs ou meurs », un impératif de rivalité et de croissance qui oblige les entreprises à se faire concurrence dans la recherche de profits toujours plus gros. La réduction d'aspects de la vie à l'état de marchandise, qui atteint aujourd'hui des proportions gigantesques, n'est qu'un des résultats de cette concurrence. Mondialement, l'économie de marché intègre la vie économique de plus en plus étroitement. Elle recherche la main-d'œuvre bon marché et les gouvernements autoritaires bien disposés à discipliner les relations de travail de manière à produire des profits toujours plus importants pour les détenteurs du capital. Loin de restreindre l'expansion du capitalisme, les États-nations facilitent ses opérations, exécutent ses ordres et servent ses buts. Poussé par la dynamique du « croîs ou meurs », le capitalisme détruit autant les sociétés humaines que la nature, transformant les gens en misérables tâcherons et la terre en poussière, ce qui rend la planète de moins en moins hospitalière pour les formes de vie complexes.

Les coopératives

Horrifiés par cette rapacité, bien des libertaires de gauche et des gens soucieux d'écologie prônent la dissolution des grandes entreprises pour les remplacer par des unités économiques alternatives plus petites. Leur but est de réduire les dimensions de la vie économique et d'alléger le tribut que les compagnies prédatrices prélèvent sur les gens et sur l'environnement.

Le genre d'unité de remplacement qu'ils proposent varie, mais d'habitude il s'agit d'une entreprise à propriété et à gestion collectives. Cela peut être une coopérative de production ou un autre genre d'entreprise contrôlée par les travailleurs, telle que l'entreprise collectivisée et autogérée mise de l'avant par les anarcho-syndicalistes ; ou encore une coopérative de consommateurs, comme la coopérative alimentaire recommandée par plusieurs environnementalistes. Mais quelle que soit sa forme, ceux qui la proposent le font dans l'intention de créer une société différente qui redonne à la vie économique une dimension plus humaine en la remettant entre les mains des femmes et des hommes directement concernés.

Malheureusement, le marché concurrentiel fait en sorte qu'il est difficile pour ces unités économiques alternatives de rester alternatives à long terme. Depuis quelque 170 ans que les premières coopératives socialistes ont vu le jour en Europe, elles ont toujours fini par devoir se conformer aux diktats du marché, quelles qu'aient été les intentions de leurs partisans et fondateurs.

Le processus de normalisation est presque toujours le même. D'abord, la coopérative est prise dans un tissu d'échanges et de contrats communs à toutes les entreprises. Ensuite, elle découvre que ses rivales purement commerciales offrent les mêmes produits qu'elle, mais à meilleur marché. Comme toute entreprise, elle doit, pour survivre et gagner des clients, entrer en concurrence et baisser ses prix. Une façon d'y arriver est d'augmenter sa taille pour profiter des économies d'échelle. Ainsi, la croissance devient nécessaire pour la coopérative : elle doit elle aussi « croître ou mourir ».

Bref, même la coopérative dont les buts sont les plus idéalistes découvre qu'elle doit absorber ses concurrents et vendre à meilleur prix ou fermer ses portes. Finalement, si elle veut survivre, il lui faut rechercher le profit aux dépens des valeurs humanistes (bien que la profession de valeurs humanistes puisse être une stratégie de promotion efficace). Peu à peu, les impératifs de la concurrence feront de la coopérative une entreprise capitaliste, en dépit de son mode collectif de propriété et de gestion. Cela s'est produit même dans les conditions révolutionnaires de l'Espagne en 1936, lorsque les entreprises dont les travailleurs syndiqués s'étaient emparés ont fini par entrer en concurrence les unes avec les autres pour l'obtention des matières premières et des ressources, ce qui a conduit à des prises de contrôle par des bureaucraties syndicales ou par l'État[1].

De cette manière, même les expériences coopératives les mieux intentionnées sont malheureusement entraînées dans l'engrenage des acquisitions capitalistes. Parmi celles qui ont duré plus de deux ou trois ans, la grande majorité se sont simplement

---

1. Pour plus de détails à ce sujet, voir l'entretien avec Murray Bookchin en deuxième partie.

métamorphosées en entreprises ordinaires sous la pression de la concurrence, ou bien elles ont péri, victimes des forces du marché. Ce qu'elles n'ont jamais fait, c'est se démocratiser, encore moins représenter une menace pour le système capitaliste. Même le célèbre exemple de Mondragon au Pays basque espagnol est en train de se conformer aux impératifs du marché.

En dépit de leurs piètres résultats comme force de changement social, les coopératives exercent encore de l'attrait pour beaucoup de gens bien intentionnés qui continuent à voir en elles une solution de remplacement viable au capitalisme. Mais bien que la coopération soit sans contredit une partie nécessaire de la solution, les coopératives en elles-mêmes sont insuffisantes pour défier le système capitaliste.

La propriété publique

Toute unité économique de propriété privée, qu'elle soit gérée collectivement ou par des directeurs, propriété de travailleurs ou d'actionnaires, est non seulement sujette à être assimilée par le système capitaliste, mais condamnée à l'être un jour, que cela plaise ou non à ses membres. Tant et aussi longtemps que durera le capitalisme, la concurrence exigera toujours des entreprises comprises en son sein qu'elles recherchent les coûts les plus bas (y compris celui de la main-d'œuvre), des marchés plus grands et des avantages sur leurs rivales, pour maximiser les profits. Elles auront toujours tendance à apprécier les êtres humains selon leur niveau de productivité et de consommation de préférence à tout autre critère.

Si nous voulons créer une société alternative fondée sur la coopération, la recherche du profit doit être encadrée ou, mieux encore, éliminée. Comme les unités économiques sont incapables de restreindre elles-mêmes leur recherche du profit, il faut la restreindre de l'extérieur. L'unité économique alternative qui évitera l'assimilation devra exister dans un tel contexte social. Elle devra être enchâssée dans une communauté qui ait le pouvoir non seulement de brider la recherche du profit d'une entreprise particulière, mais de contrôler toute la vie économique.

Aucun contexte social permettant au capitalisme d'exister ne réussira jamais à restreindre suffisamment la recherche du profit.

Par sa nature expansionniste, le capitalisme essaiera toujours de renverser les contrôles extérieurs, de se livrer à la concurrence et de croître. En dernière analyse, le fait est que le capitalisme lui-même doit être aboli. Le système actuel doit être remplacé par un système qui a la volonté et la capacité de restreindre ou d'éliminer la recherche du profit en faveur de valeurs, de pratiques et d'institutions humanistes.

Une telle société doit être celle qui est « propriétaire » de l'unité économique. Ce doit être une société au sein de laquelle la propriété significative, celle des moyens de production, est placée sous le contrôle public ou devient publique, dans la mesure où la propriété existe encore.

La propriété publique n'est pas très populaire de nos jours. Son histoire récente est rien moins que funeste, notoirement dans le cas de l'ex-Union soviétique. Dans ce cas, comme dans plusieurs autres où la propriété a été « nationalisée », le terme *propriété publique* est erroné. La propriété publique, fruit de la nationalisation, signifie « propriété de l'État-nation ». Même si ces mots sous-entendent que le peuple est propriétaire, la propriété de l'État n'est pas publique parce que l'État, comme nous l'avons vu, est une structure élitiste qui se superpose au peuple ; ce n'est pas le peuple lui-même. Dans ce sens de « nationalisation de la propriété », la propriété publique ne donne pas au peuple le contrôle de la vie économique ; elle ne fait que renforcer le pouvoir de l'État en lui donnant le pouvoir économique.

L'État soviétique, par exemple, s'est approprié les moyens de production pour augmenter son pouvoir, mais il a laissé intacte la structure hiérarchique de l'autorité. La majeure partie du peuple avait peu ou rien à voir dans les décisions prises au sujet de la vie économique. Nommer *propriété publique* une telle nationalisation est aussi fallacieux, aussi frauduleux que d'appeler *politique* l'art de gouverner ou *démocratie* une république bourgeoise. La véritable propriété publique serait celle des gens eux-mêmes, dans leurs municipalités, et pas celle de l'État.

La municipalisation de l'économie

Le municipalisme libertaire propose une forme de propriété publique qui est véritablement populaire. Son économie politique ne repose ni sur la propriété privée, ni sur le morcellement en petits collectifs, ni sur la nationalisation de la propriété. Elle est plutôt municipalisée.

Cette municipalisation de l'économie signifie la « propriété » et la gestion de l'économie par les citoyens de la communauté. La propriété (tant la terre que les usines) ne serait plus privée, mais serait placée sous le contrôle général des citoyens au sein de leurs assemblées. Ceux-ci deviendraient collectivement les « propriétaires » des ressources économiques de leur communauté, et ils formuleraient et approuveraient la politique économique de celle-ci. Ce sont eux, et non pas des bureaucrates ou des capitalistes, qui prendraient les décisions relatives à la vie économique.

Les citoyens décideraient, quels que soient leur occupation ou leur lieu de travail. En fait, en dernier ressort, ils prendraient les décisions concernant toute la vie économique de leur communauté. Ceux qui travaillent dans une usine participeraient à l'élaboration des politiques non seulement pour cette usine, mais pour toutes les autres, aussi bien que pour les fermes ; non pas à titre d'ouvriers, de fermiers, de techniciens, d'ingénieurs ou de professionnels, mais en qualité de citoyens. Leurs décisions seraient guidées par les besoins de l'ensemble de leur communauté plutôt que par ceux d'une entreprise, d'un métier ou d'un commerce particulier ; elles serviraient les meilleurs intérêts de la communauté.

Il y a longtemps qu'on a compris, dans l'histoire de la pensée politique, que ni la démocratie ni la liberté politique ne peuvent exister dans une société où règnent de grandes inégalités de fortune et de revenu. Aristote savait, comme le savait Thomas Jefferson, que le gouvernement par le peuple ne peut se maintenir là où les ressources sont distribuées très inégalement. Sans un certain égalitarisme économique, toute démocratie serait probablement éphémère, cédant bientôt la place à l'oligarchie et au despotisme. Jefferson pensait qu'une égalité de condition généralisée était nécessaire si la république américaine devait durer. Peu de temps après sa mort, cependant, la relative égalité économique de son époque commençait déjà à être battue en brèche par la concentration du pouvoir économique privé. Aujourd'hui, les disparités de fortune et de revenu aux États-Unis sont si énormes que même l'avenir de la mascarade « démocratique » à l'échelon national est mis en doute, sans parler des possibilités de démocratie réelle à l'échelon municipal. L'inégalité économique menace de tourner en farce l'idéal athénien du citoyen politiquement souverain qui peut porter un jugement rationnel sur les affaires publiques parce qu'il est matériellement à l'abri du besoin et du clientélisme.

Dans une société anarchiste rationnelle, l'inégalité économique serait éliminée : la richesse, la propriété et les moyens de production seraient remis à la municipalité. Par la municipalisation de l'économie, la fortune des classes possédantes serait expropriée par les simples citoyens et placée entre les mains de la communauté pour servir au bien de tous.

La vie économique en tant que telle serait absorbée par la communauté et soumise au contrôle du champ politique, qui ferait des décisions économiques une partie des affaires publiques, la responsabilité de l'assemblée municipale. Ni l'usine ni la ferme ne pourraient redevenir une unité concurrentielle isolée poursuivant ses propres intérêts.

Les décisions de l'assemblée seraient, il faut l'espérer, guidées par des normes rationnelles et écologiques. En fait, l'économie deviendrait une économie morale. Les notions classiques de limite et d'équilibre remplaceraient l'impératif capitaliste de la croissance et de la concurrence dans la recherche du profit. La communauté apprécierait les gens pour leur contribution positive à la vie communautaire, et non pour leur niveau de production et de consommation. Par leurs assemblées, les citoyens, consciemment et délibérément, empêcheraient les entités économiques d'obéir à l'impératif capitaliste de la recherche du profit plutôt qu'aux commandements moraux de la coopération et du partage.

L'assemblée déciderait non seulement de la production, mais également de la distribution des moyens d'existence matériels, remplissant ainsi la promesse de l'après-rareté. « De chacun selon ses moyens, à chacun selon ses besoins » : cette exigence de tous les mouvements communistes du XIXe siècle deviendrait une pratique vivante, une responsabilité institutionnalisée du champ politique. Chacun dans la communauté aurait accès aux moyens d'existence, quel que soit le travail qu'il est capable d'exécuter ; la communauté verrait à ce qu'une certaine égalité économique, fondée sur des critères moraux et rationnels pour déterminer les besoins, existe entre tous ses citoyens.

À une échelle géographique plus large, la vie économique serait contrôlée par la confédération des municipalités. La richesse expropriée des classes possédantes serait redistribuée non seulement dans une municipalité, mais parmi toutes celles d'une région. À l'échelon confédéral, les diverses municipalités partageraient les ressources et prendraient les décisions concernant la production et la distribution. Si une municipalité essayait de s'enrichir au détriment des autres, ses partenaires confédérées auraient le droit de l'en empêcher. Une politisation complète de l'économie prendrait place, étendant l'économie morale à une échelle plus large.

CHAPITRE 13

Un pouvoir parallèle

L E SENTIMENT D'ÊTRE HABILITÉ (*empowerment*) est très recherché de nos jours au sein de plusieurs groupes religieux, psychothérapeutiques et parfois même politiques. Après s'être investis dans une activité quelconque, les participants diront avec enthousiasme qu'ils se sentent plus en contrôle. Par exemple, après un rituel religieux, les membres d'un groupe spirituel se sentent plus maîtres d'eux-mêmes. Les gens qui ont parlé de leurs dépendances devant un groupe, ou qui ont exprimé leur colère par un geste quelconque de protestation se déclarent plus forts. Même des individus qui utilisent des incantations spirituelles se sentiront plus solides après avoir psalmodié des « affirmations » ou après s'être étendus, avoir fermé les yeux et rêvassé au cours de séances de rêve éveillé dirigé.

Cependant, le pouvoir ne s'obtient pas en rêvassant, ni en s'adonnant à des rituels, ni même en faisant des actions directes dont le but se limite à la protestation. On peut tirer de ces exercices une sensation agréable ou même un sentiment de pouvoir, mais on n'y gagne aucun pouvoir social ou politique réel.

Le pouvoir n'est pas une simple sensation psychologique ou spirituelle. C'est un fait social et tangible, et il doit être compris comme tel. La force et la violence que font peser sur la société l'État-nation et les compagnies relèvent précisément du pouvoir institutionnel, appuyé par la police, les tribunaux et l'armée.

Ignorer l'aspect concret du pouvoir, c'est dire adieu à la réalité et se laisser dériver dans un nirvana psychologique.

Michel Foucault n'a certes pas rendu service à ce qui reste de la gauche aujourd'hui en faisant du pouvoir un phénomène envahissant qui, partant, est intrinsèquement mauvais et par conséquent ennemi de toute liberté. Un pareil raisonnement mène à la conclusion qu'un mouvement libertaire de gauche doit tendre à éliminer non seulement l'État, le capitalisme et la hiérarchie, mais également le pouvoir lui-même.

Mais on ne peut jamais éliminer le pouvoir. Quelques personnes dans une institution seront toujours en possession du pouvoir, qu'il s'agisse d'un dictateur, d'un État fasciste ou des citoyens dans les assemblées démocratiques. L'acquisition du pouvoir — du pouvoir populaire —, loin d'être l'ennemie de la liberté, en est une condition préalable. La politique est l'art d'obtenir et d'utiliser le pouvoir pour créer la liberté, par la démocratie directe des assemblées municipales confédérées.

Il est essentiel que les gens ordinaires s'unissent pour reprendre le pouvoir social collectif, parce que le pouvoir qui n'est pas détenu par les gens ordinaires se retrouve entre les mains de l'État. De la même façon, si le peuple doit reprendre le pouvoir, il doit le faire en l'enlevant à l'État. Aucun vide institutionnel n'est possible ; le pouvoir est investi dans l'un ou dans l'autre. De nos jours, la masse du peuple dans le monde est dépourvue de ce dont elle a justement le plus besoin pour gérer ses affaires efficacement : le pouvoir.

La question la plus importante concernant le pouvoir n'est donc pas de savoir s'il doit exister, mais de déterminer qui doit le détenir. Pour la politique municipaliste libertaire, cette question signifie que, exactement comme l'État-nation s'est historiquement emparé du pouvoir aux dépens de l'indépendance et de la liberté municipale, le pouvoir que les nouvelles municipalités confédérées obtiendront sera enlevé à l'État-nation. Soit les municipalités confédérées augmenteront leur propre pouvoir en amoindrissant celui de l'État-nation, soit celui-ci retiendra et agrandira son propre pouvoir en réduisant celui des municipalités confédérées.

Le pouvoir parallèle

Au fur et à mesure que s'étendra le mouvement pour le changement et que les municipalités se démocratiseront et formeront des confédérations, leur pouvoir partagé constituera une menace pour l'État.

Le pouvoir établi ne tolérera certainement pas l'existence d'une confédération de municipalités démocratisées qui aura créé une politique démocratique, des citoyens habilités et une économie municipalisée. L'État attaquera la nouvelle démocratie pour défendre le capitalisme et son propre pouvoir. S'il a omis de créer une garde civique pour protéger et défendre le pouvoir populaire réel qu'il en sera venu à incarner, le mouvement sera à la merci de l'État. En fait, s'il est sérieux dans sa détermination à s'opposer à l'État, le mouvement doit travailler à lui retirer son attribut le plus précieux : son monopole de la force armée.

Malgré la popularité actuelle des milices parmi les groupes de l'extrême droite aux États-Unis, la droite ne détient pas l'exclusivité d'une tradition milicienne. Pendant un siècle et demi, le mouvement socialiste international a reconnu la nécessité d'armer le peuple ou d'avoir une milice de citoyens. Toutes les internationales socialistes depuis la première ont réclamé qu'une milice soit substituée à l'armée et à la police. Les mouvements anarchiste et syndicaliste ont aussi considéré autrefois qu'armer le peuple était la condition *sine qua non* d'une société libre.

Aucune position radicale sensée ne peut de nos jours abandonner l'exigence d'armer le peuple sans que cela permette à l'État de continuer à exister. Le municipalisme libertaire, en tant qu'héritier de la tradition socialiste et anarchiste, prône donc la formation d'une milice pour remplacer la police et l'armée. Cette milice serait sous l'étroite surveillance des assemblées de citoyens. Elle serait, elle aussi, une institution démocratique avec des officiers élus.

Plus les confédérations de municipalités s'étendront et se multiplieront, plus grands seront leur pouvoir latent et leur capacité d'opposer un contre-pouvoir à celui de l'État-nation. Lorsqu'elles concrétiseront cette capacité, la tension montera entre elles et l'État. Les citoyens au sein des confédérations doivent reconnaître clairement que cette tension est désirable, que leurs municipalités confédérées constituent potentiellement un contre-pouvoir face à l'État. Ils doivent reconnaître qu'ils ressuscitent en fait le long conflit historique entre la municipalité et l'État, et que leur confédération ne peut pas vivre en harmonie avec celui-ci.

En fait, la confédération de municipalités peut finir par développer assez de pouvoir pour constituer un *pouvoir parallèle* capable un jour de rendre au peuple le plein pouvoir. Si ce point est atteint, les conditions sociales et politiques seront probablement instables. Plus tôt que tard, très probablement à la faveur d'une confrontation, la question de savoir qui, des confédérations de municipalités ou de l'État, détiendra le pouvoir devra être résolue. Le pouvoir devra se déplacer vers le peuple et ses communautés, sinon il restera à l'État et aux professionnels de la gouvernance.

En fin de compte, les confédérations tenteront probablement de remplacer l'État par leurs propres structures. À ce moment, il faut espérer que le mouvement municipaliste libertaire aura « vidé » l'État de son pouvoir, gagnant une majorité de gens à ses nouvelles structures civiques et confédérales. Si l'autorité de l'État peut perdre sa légitimité aux yeux de la plupart des gens, alors on pourra espérer l'éliminer sans trop de difficultés.

À Paris, en 1789, et à Saint-Pétersbourg, en février 1917, l'autorité de l'État s'est écroulée devant le soulèvement populaire. Les monarchies française et russe apparemment toutes puissantes se révélèrent si dénuées de pouvoir qu'elles ne purent que s'effondrer quand le peuple révolutionnaire les brava. Le point crucial, dans les deux cas, est que l'armée — les simples soldats — s'est jointe au mouvement révolutionnaire. Ce qui s'est passé autrefois peut encore se produire, surtout si un mouvement révolutionnaire inspiré, conscient et efficace guide le processus vers son but.

Nourrir la tension

Pendant que se forge le pouvoir parallèle, la tension entre les confédérations et l'État ne doit être ni cachée ni apaisée. Au contraire, le mouvement municipaliste libertaire doit nourrir cette tension en déclarant clairement son opposition à l'État, et il doit la faire grandir et l'exacerber partout où c'est possible (sans sombrer pour autant dans l'aventurisme et la précipitation). C'est de cette façon seulement que la confédération municipale peut devenir un contre-pouvoir plutôt qu'un parti parlementaire ou une autre entité axée sur l'État.

Malgré l'importance capitale de préserver la tension entre la confédération et l'État, certains membres du mouvement peuvent perdre de vue la nécessité de perpétuer son statut d'opposition. Il faut toujours s'attendre à ce que des individus et des groupes dans le système social actuel tentent de compromettre le mouvement ou de le neutraliser en offrant à des membres clés quelque gain rapide, tel un poste rémunérateur dans la structure actuelle du pouvoir, en échange de la réorientation du mouvement vers des lignes étatistes, ce qui le compromettrait. Des membres plus faibles peuvent trouver la tentation trop forte pour y résister et trahir le mouvement.

Certains le trahiront par intérêt personnel, mais d'autres pourraient le faire par inconscience, croyant de bonne foi, bien qu'à tort, que leur action élargira la base du mouvement. Voici leur raisonnement: plusieurs États-nations modernes se composent d'entités gouvernementales intermédiaires, comme les provinces au Canada, les États aux États-Unis et les *Länder* en Allemagne. Parce que ces entités intermédiaires conservent divers pouvoirs au détriment de l'État-nation, certains municipalistes libertaires peuvent croire qu'elles représentent une espèce de pouvoir local ou décentralisé et que les citoyens y trouvent déjà un certain degré de contrôle local.

Ils peuvent s'imaginer que même si elles ne sont pas dirigées par le peuple, ces unités intermédiaires représentent un niveau de gouvernement local ou potentiellement décentralisé. Ils peuvent, en toute bonne foi, soutenir auprès des autres membres que le mouvement devrait présenter des candidats non seulement aux élections municipales, mais aussi aux élections de ces gouvernements intermédiaires. De tels arguments peuvent sembler très convaincants: après tout, les candidats aux postes « plus élevés » peuvent rejoindre davantage de gens, notamment par l'entremise des médias de masse.

Si le mouvement municipaliste libertaire désire conserver son identité et son intégrité, il doit cependant éviter les campagnes électorales visant à obtenir de tels postes. Les provinces, les États et les *Länder* ne sont pas des institutions populaires ; ce sont de véritables petits États-nations, organisés autour d'institutions étatiques répressives, et ils fonctionnent essentiellement comme canaux du pouvoir de l'État centralisé et comme administrateurs de ses politiques. Quand la confédération de municipalités émergera comme pouvoir parallèle, ces unités s'y opposeront de la même façon que l'État central.

Tous les postes au-delà de l'échelon municipal sont donc les véhicules de l'État, et la participation aux campagnes électorales pour y accéder relâcherait et déguiserait la tension avec l'État que le mouvement municipaliste essaie de stimuler. En obscurcissant la distinction entre la municipalité et l'État, de telles campagnes retireraient tout leur sens aux efforts d'éducation du mouvement et émousseraient son programme radical.

Campagnes électorales au niveau de l'État

Si l'histoire, de l'Antiquité à nos jours, démontre une chose, c'est bien que le pouvoir d'État corrompt : l'individu qui occupe un poste dans l'appareil de l'État est inexorablement transformé en créature de l'État, peu importe ses intentions idéalistes.

À la fin des années 1970 et au début des années 1980, les mouvements verts qui ont surgi dans diverses parties du monde étaient ostensiblement décentralisateurs. Dans l'élan idéaliste de leur jeune existence, ils proclamaient avec passion leur foi en la démocratie et le contrôle local. Plusieurs partis verts européens obtinrent au début assez de popularité pour propulser tout à coup certains de leurs membres à des postes électifs, non seulement au niveau régional, mais même au niveau fédéral ou national. Bientôt, plusieurs de ces députés « oublièrent » commodément leur ancien décentralisme dans l'intérêt de carrières et de privilèges « politiques » intéressants, pendant que les partis eux-mêmes abandonnaient les principes fondamentaux du pouvoir de la base et tâchaient de former des coalitions avec des partis bourgeois traditionnels.

Au début, on justifiait le plus souvent cette stratégie électorale en disant qu'elle ne devait servir qu'un but éducatif, pour élever le niveau de conscientisation. L'impression, sinon la promesse, faite par ses défenseurs était que, si les verts étaient élus, ils se serviraient de leurs postes uniquement comme tribune pour faire connaître les idées des verts à la population en général et qu'ils ne permettraient pas qu'on les mette au service de l'État. D'autres membres, oublieux de leur ancien idéal, soutinrent qu'une fois au pouvoir les candidats verts pourraient aider à la décentralisation à partir du sommet en habilitant les plus petites unités locales de gouvernement par une dévolution de pouvoir.

De telles justifications, en fin de compte, n'eurent pas d'autre résultat que de procurer à quelques candidats verts le prestige et le revenu des députés. Pendant leur mandat, ils travaillèrent à faire adopter des lois de style vert pour réformer l'État et mitiger les conséquences du capitalisme pour le peuple et l'environnement, mais ils ne firent pas avancer d'un iota leurs objectifs radicaux ni n'éduquèrent la population dans une vision antiétatique. Au contraire, à mesure que des verts furent élus, les partis et les programmes devinrent moins radicaux et les élus proposèrent des réformes dont le résultat fut de donner à l'État un visage plus humain et plus respectueux des besoins du peuple.

Les partis verts ne sont pas le seul exemple de radicalisme soluble. Historiquement, bien peu de chefs révolutionnaires, même parmi les plus intègres, se sont montrés capables de résister aux effets corrupteurs du pouvoir de l'État. Le plus souvent, les socialistes consciencieux, les communistes, même les anarchistes ont perdu leur intégrité morale et politique en accédant à des postes de pouvoir. Cette « éducation à rebours » a eu lieu si régulièrement et de manière si prévisible qu'elle semble inéluctable. On peut conclure qu'accepter un poste dans l'État, c'est accepter d'être formé à l'art de gouverner plutôt que d'éduquer le peuple à la politique radicale antiétatique. Cela sert à perpétuer le pouvoir de l'État au lieu d'accroître la démocratie populaire, et cela peut même contribuer à étendre l'autorité et le pouvoir de l'État contre la démocratie populaire résurgente que l'on prétendait soutenir à l'origine.

Depuis l'âge d'or des verts, dans les années 1980, d'autres mouvements politiques « indépendants » ont proposé de faire de la politique pour la base (*grassroots politics*) dans une pléthore de nouveaux tiers partis. Aux États-Unis, on retrouve le Labour Party et le New Party, entre autres. Pendant la mise sur pied du mouvement municipaliste libertaire, certains membres peuvent croire opportun d'unir leurs forces à ces tiers partis pour se faire des alliés et étendre l'influence du mouvement.

Mais une fois qu'ils se seront joints à ces partis prétendument indépendants mais intrinsèquement réformistes, les municipalistes libertaires entendront sans doute répéter à satiété le même argument : s'il est acceptable de se présenter au conseil municipal, pourquoi ne pas se présenter aux postes « plus élevés » ? Après tout, l'efficacité d'une personne serait supérieure à ces postes qu'aux postes moins élevés. En se joignant à un parti réformiste dans une campagne électorale pour un poste de gouverneur, à la législature ou ailleurs, leur dira-t-on, le mouvement pourra attirer l'attention d'un public plus large sur les idées municipalistes libertaires.

Les membres du mouvement devront constamment se rappeler les uns aux autres que leur mouvement n'est pas un instrument pour obtenir des postes dans l'État, encore moins pour améliorer l'État ou lui donner un « visage humain ». Le municipalisme libertaire est une lutte continue dont le but est de créer des institutions civiques radicales et émancipatrices, et non pas de s'emparer des institutions répressives existantes. Il doit lutter contre l'État dès ses débuts et à chaque moment de son existence. La lutte même des confédérations municipales pour la municipalisation de la propriété et la démocratie directe cherche à refaire complètement la société, pas à remporter des victoires réformistes. Si le mouvement veut créer la « Commune des communes » révolutionnaire, il doit le faire en travaillant chaque jour à créer un contre-pouvoir de démocratie directe parallèle à celui de l'État.

Campagnes pour la mairie

Les municipalistes libertaires devraient-ils présenter des candidats à la mairie ? Certains sympathisants ont prétendu que les campagnes pour la mairie sont en contradiction avec la lutte pour créer les assemblées populaires. Comme poste exécutif, soutiennent-ils, la mairie est structurellement et moralement équivalente, à plus petite échelle, au poste de gouverneur, de premier ministre ou de président. Suivant cette logique, les municipalistes libertaires devraient présenter des candidats à l'« assemblée législative » locale, le conseil municipal, mais pas à la mairie.

Cependant, c'est la municipalité tout entière et pas uniquement le conseil municipal qui existe potentiellement dans la tension avec l'État. L'histoire de la municipalité diffère qualitativement de celle de l'État. Le fait crucial du poste municipal — que ce soit celui de maire ou de conseiller —, c'est son contexte municipal, comme celui du poste de président, de premier ministre, de député ou de parlementaire est son contexte étatique. Les maires sont généralement l'objet d'une surveillance populaire plus étroite que ne le sont les élus nationaux ou provinciaux, et leurs pouvoirs sont contrôlés de beaucoup plus près.

Présenter un candidat à la mairie avec un programme municipaliste libertaire diffère donc qualitativement d'une campagne pour le poste de gouverneur, de premier ministre provincial ou de président. Il est parfaitement acceptable pour le mouvement de présenter des candidats à la mairie. Cependant, le candidat doit s'engager à transformer le poste de maire en poste de coordonnateur et le conseil municipal en conseil confédéral des délégués des assemblées de quartier de la municipalité.

Le municipalisme libertaire doit son intégrité précisément à la création et au maintien de la tension dialectique entre la confédération municipale et l'État-nation. Son « code génétique » lui dicte de lutter contre l'État et de le dépouiller du pouvoir pour le faire disparaître. À moins que la tension entre les municipalités confédérées et l'État ne demeure claire et sans compromission dans la pratique, le mouvement perdra son identité et son sens. Plutôt que de déformer ainsi le municipalisme libertaire, les gens qui veulent compromettre son identité feraient mieux de se joindre à un parti traditionnel.

CHAPITRE 14

Une société rationnelle

UNE FOIS QUE LE CONFLIT entre les pouvoirs parallèles sera résolu et que les municipalités confédérées auront vaincu les forces déployées contre elles, le pouvoir suprême dans la société sera entre leurs mains. Les citoyens pourront alors réaliser tout le potentiel de ce champ politique souverain et transformer la société en suivant des principes rationnels et moraux.

Dans la mesure où des êtres humains peuvent modeler collectivement la société dans laquelle ils vivent, leurs moyens pour ce faire ne se trouvent pas dans le champ social ni dans l'État, mais bien dans le champ politique. Le champ social, nous l'avons vu, concerne la famille, les affaires privées de l'individu et les aspects économiques de la vie (la production et la distribution). La famille et les problèmes individuels ont une portée trop limitée pour avoir beaucoup d'influence sur le reste de la société, et bien que les questions de production et de distribution aient une plus grande influence, celle-ci demeure partielle : les usines et les bureaux ne sont tout simplement pas des endroits où l'on peut prendre des décisions qui concernent la société tout entière, et la vie économique se fragmente trop facilement en intérêts d'entreprises ou de secteurs séparés. L'État, quant à lui, n'est pas un lieu où le peuple modèle collectivement la société ; c'est un lieu où une petite élite exerce le pouvoir sur la majorité.

Ainsi, les moyens pour remodeler collectivement la société se trouvent dans le champ politique lui-même, là où des décisions sont prises explicitement et consciemment par la communauté sur la façon dont la société doit fonctionner. Si la prise de décision doit réellement être collective, elle doit aussi être directement démocratique, c'est-à-dire que les institutions politiques doivent être celles du municipalisme libertaire, fondées sur le postulat que tout adulte normal est compétent pour participer à l'autogestion de la communauté.

Quand le peuple aura pris en main les rênes du pouvoir de décision, alors il pourra planifier et décider quel genre de société il veut habiter et laisser aux générations futures pour en jouir et l'améliorer. Lui seul doit choisir, démocratiquement, sa société. Elle ne peut être décrétée par les théoriciens du municipalisme libertaire. Mais dans une large mesure, l'existence même d'un champ politique de démocratie directe dépendra du choix des citoyens de reconstruire le champ social selon les mêmes valeurs et pratiques morales qui sous-tendront le champ politique. Celui-ci ne survivra vraisemblablement pas si les choix qu'ils font pour le reste de la société contredisent ces valeurs et ces pratiques.

Parmi ces valeurs se trouvent la réciprocité — le sentiment d'une reconnaissance mutuelle entre les citoyens — et la complémentarité — l'idée d'une responsabilité envers ses concitoyens et sa famille, et l'obligation de voir au bien-être de tous. Pour que la solidarité et la raison pénètrent dans la vie civique, elles doivent être fondées sur la réciprocité, l'humanisme et la coopération, qui envahiront aussi le reste de la société.

Une éthique de la coopération et de la solidarité aura de nombreuses conséquences sociales, dont la moindre ne sera pas l'abolition de la hiérarchie et de la domination : non seulement la domination de l'État, mais les hiérarchies sociales institutionnalisées fondées sur le genre, la race, l'ethnie, l'âge et tout autre statut ; ces stratifications font obstacle à la réciprocité à cause de l'inégalité et de la domination qu'elles entraînent.

Une économie morale

Si le champ politique doit survivre, cette éthique doit aussi pénétrer la vie économique. Une société organisée selon des principes de réciprocité, d'absence de hiérarchie et de communalisme sera plus rationnelle si elle choisit de remplacer l'économie de marché capitaliste par une économie morale dans laquelle les membres possèdent un fort sentiment d'obligation réciproque. Elle remplacerait les classes et la propriété privée par la coopération et la solidarité, le profit par la valorisation du bien-être réciproque, la vente par le partage, la rivalité et l'indépendance illusoire par la réciprocité et l'interdépendance. En remplaçant un lien économique axé sur le profit par un lien éthique, cette société transformerait l'économie en culture.

Quelle allure prendrait la production économique dans une telle société ? Les formes onéreuses de production qui exigent un labeur pénible et sont ennuyeuses au point de pétrifier l'esprit seraient exécutées dans les usines non pas par des gens, mais par des machines. Les produits et les technologies essentiels à une société de l'après-rareté seraient manufacturés dans les entreprises industrielles : les biens durables et l'équipement médical, les textiles, les moyens de communication et de transport, les machines-outils, l'électronique, etc. Les technologies de production de ces usines seraient développées bien au-delà de ce qu'elles sont actuellement, par l'automatisation et la cybernétique, permettant aux machines elles-mêmes d'effectuer le travail, avec un minimum de labeur humain. Les machines produiraient des machines, comme elles le font déjà dans une large mesure, et elles n'auraient besoin de l'intervention humaine que pour la conception et les réparations. Des spécialistes dessineraient des usines raisonnablement discrètes, dont les machines, en cas de bris, seraient réparées par le personnel d'entretien. Mais seule une infime proportion de la production manufacturière requerrait un dur labeur ou de longues heures de travail.

Il peut sembler étonnant de souhaiter dans un même élan un tel industrialisme et des valeurs de complémentarité et de réciprocité. Mais l'industrialisation ne s'oppose à la coopération que si on la considère comme synonyme de capitalisme et d'exploitation de la main-d'œuvre. L'entreprise industrielle dans une société municipaliste libertaire appartiendrait collectivement au peuple et serait gérée en coopération comme faisant partie d'une économie morale, plutôt que d'une économie capitaliste. Plus important encore, la réduction du travail humain créerait les conditions matérielles nécessaires à une société pénétrée de réciprocité et de coopération. En fait, c'est la production même de telles usines qui rendrait possible la prédominance de la réciprocité dans la société rationnelle.

Ce point est fondamental. Les révolutions du passé se sont toujours brisées sur cet écueil, car leurs époques étaient dépourvues de moyens de production suffisants pour libérer les gens du travail et leur fournir non seulement un confort raisonnable, mais le temps libre nécessaire pour participer à l'autogestion de la communauté. Pendant des centaines d'années d'activisme révolutionnaire, la masse du peuple qui essayait de transformer rationnellement la vie sociale a été vaincue en partie parce que le niveau technologique ne pouvait soutenir les nouvelles relations sociales qui auraient pu les émanciper de la faim, des longues heures de travail et de la domination de classe. De nos jours, la capacité technologique existe ; une société anarchiste rationnelle ferait un pas de plus et utiliserait l'appareil technologique pour garantir au peuple la liberté, plutôt que de l'assujettir à la domination et à l'exploitation. (Bien sûr, un certain travail sera toujours nécessaire pour maintenir la société ; selon la morale de la réciprocité, un tel travail socialement nécessaire serait réparti également entre tous ceux qui sont capables de l'exécuter. Mais parce que la plus grande partie du travail serait faite par des machines, ce labeur ne demanderait pas beaucoup de temps.)

Évidemment, la production en usine n'exclut pas la production artisanale de ces objets qui donnent de la valeur à la vie, pour ceux qui se plaisent à ces activités. En fait, la production industrielle des composantes d'un produit artisanal permettrait aux artisans de se concentrer sur les aspects les plus créatifs. Ceux qui prennent plaisir à tisser, par exemple, pourront laisser aux machines l'ennuyeux travail du filage, mais ils pourront continuer à tisser sur des métiers manuels pour leur propre plaisir et produire des textiles pour leurs amis et la communauté.

De la même façon, ceux qui aiment le jardinage pourront produire leur propre nourriture s'ils le désirent, car le plaisir du jardinage à petite échelle est incontestable. Mais bien des gens, préférant d'autres activités, pourraient choisir de ne pas passer leur temps à cultiver ; ils obtiendront leur nourriture grâce à des procédés agricoles partiellement ou même totalement industrialisés. La majeure partie de la production agricole, en fait, serait mécanisée, et la fastidieuse corvée du travail agricole deviendrait chose du passé.

Non seulement une agriculture industrialisée est souhaitable, mais elle sera nécessaire si la société doit soutenir des populations croissantes. Franchement, c'est un fantasme naïf, que partagent certains environnementalistes radicaux actuellement, de croire que la société pourrait revenir au pic et à la pelle, au nomadisme, au cheval et à la charrue, si ce n'est sur une base individuelle pour satisfaire des goûts purement personnels. L'agriculture industrielle n'est nullement incompatible avec les méthodes biologiques. La culture peut fort bien être biologique et les machines conçues pour avoir le moins d'effets nuisibles possible sur le sol et son écologie.

Le même principe du choix — rappelons que sans choix il n'y a pas de liberté — peut être appliqué à la production de tous les objets matériels. En fait, la vocation d'une personne serait un choix moral ou une préférence personnelle, pas une occupation qu'elle est contrainte d'accomplir. Sans un travail ennuyeux et épuisant qui dévore leur temps, les gens seraient libres de vivre une vie plus créative et expressive, et le choix de leurs activités pourrait refléter leurs goûts plutôt que les dures exigences de la nécessité.

Si la production fondée sur la diminution du travail humain est une condition préalable à l'économie morale, une distribution équitable transformera cette économie morale en réalité. La distribution respectera les valeurs humanistes et coopératives du régime municipaliste libertaire si elle est participative, accordant à chacun dans la communauté un minimum inaliénable de moyens d'existence. Elle offrira à tous les membres de la communauté les moyens matériels dont ils ont besoin pour réaliser leur potentiel humain et vivre une vie morale et satisfaisante.

Il va sans dire que l'inégalité économique serait inexistante; les seules inégalités seraient celles qui découlent de la force, de l'âge, de la santé et des aptitudes individuelles. Mais ces inégalités, au lieu de servir de prétexte à la domination, seraient compensées socialement, de sorte que ceux qui ont besoin de plus de soutien y auraient facilement accès. Selon le principe « de chacun selon ses moyens, à chacun selon ses besoins », la répartition de la richesse cesserait complètement d'être une question économique.

Sans l'économie capitaliste, dont l'impératif de « la croissance ou la mort » est la principale force derrière la crise écologique, les citoyens seraient libres de reconstruire le monde social selon des principes écologiques. Les cités pourraient être décentralisées physiquement autant qu'institutionnellement ; la ville et la campagne pourraient être intégrées dans un tout unifié, et le conflit historique qui les oppose pourrait disparaître. Les combustibles fossiles seraient certainement éliminés et remplacés par une source d'énergie propre et renouvelable, même dans la production industrielle. La biosphère ne serait plus conçue comme le royaume de la rareté, comme le fait maintenant le capitalisme — un monde où il faut s'arracher impitoyablement des ressources insuffisantes —, mais comme le domaine de la fécondité et de l'évolution vers la diversité et la complexité.

On ne peut prédire avec certitude que les citoyens du nouveau régime voudront reconstruire leur société selon ces principes. L'essence de la démocratie, après tout, est qu'ils auront le choix. Mais dans la mesure où ils désireront préserver la démocratie directe, leurs choix devront être guidés par la raison. S'ils choisissent de restaurer le système du travail industriel commandé, par exemple, quand cela n'est pas nécessaire, cela sera irrationnel. Il serait irrationnel de choisir de restaurer le capitalisme et de relancer la recherche du profit comme un fléau qui détruit la société et la biosphère. Il serait irrationnel de transformer en États les confédérations municipales. Il serait irrationnel d'exclure de la participation politique un groupe ethnique ou sexuel. Une société anarchiste libératrice et écologique serait impossible sans éthique de réciprocité et de complémentarité ; mais cette éthique, à son tour, est impossible sans la raison pour soutenir ses valeurs et ses pratiques contre toutes les autres possibilités répugnantes.

Chapitre 15

L'ordre du jour
du municipalisme libertaire

Aujourd'hui, le capitalisme menace de réduire à l'état de marchandise des secteurs toujours plus nombreux de la vie sociale, de pénétrer encore plus profondément dans les recoins privés de nos vies et d'effacer la personnalité, pour ne pas dire l'individualité. L'urbanisation menace de dévorer tant la ville que la campagne, faisant de la communauté un archaïsme. L'État menace d'absorber jusqu'à la notion de liberté, et cette poussée mine la biosphère à une vitesse effarante avec des conséquences potentiellement catastrophiques pour toutes les formes de vie complexes.

En même temps, plusieurs de ces institutions exercent sur la vie sociale et politique une puissante force d'inertie qui milite contre le changement radical et enferme les gens dans les institutions existantes. Les médias de masse endorment et hypnotisent les gens, leur font accepter leur propre domination et exploitation, et désamorcent leur penchant à devenir autre chose que de dociles consommateurs et les sujets passifs de l'élite.

Contre le grand éventail de forces sociales qui s'opposent au changement radical, les femmes et les hommes d'aujourd'hui ont besoin d'une motivation puissante pour entreprendre la révolution municipale et sociale décrite dans ce livre et pour créer la société proposée par l'écologie sociale. Qu'est-ce qui pourrait les pousser à travailler pour recréer le champ politique, pour démocratiser leurs municipalités et les confédérer en un pouvoir parallèle dirigé contre l'État ?

Sans aucun doute, la plus importante des multiples motivations possibles devrait être qu'une société rationnelle fournirait à l'humanité les conditions de la plus grande liberté sociale. La perte toujours plus grande de liberté et l'augmentation de l'inégalité dans le monde de nos jours pourraient bien amener les gens à se soulever contre leur exploitation, leur domination et même leur esclavage (bien qu'il soit impossible de prédire la nature de l'événement précis qui pourrait servir d'élément déclencheur). La perspective de pouvoir gérer ses propres affaires, en communauté avec ses concitoyens, exerce un attrait persistant, même (surtout) en cette ère d'impuissance et de déracinement.

Il est impossible que l'État-nation et le capitalisme survivent indéfiniment. Alors même que ce système creuse le fossé entre riches et pauvres tout autour du monde en un abîme d'inégalité, il suit aussi une trajectoire de collision avec la biosphère. L'impératif capitaliste de « la croissance ou la mort », surtout, qui recherche le profit aux dépens de toute autre considération, s'oppose radicalement aux réalités pratiques de l'interdépendance et des limites, tant du point de vue social que du point de vue de la capacité de la planète à maintenir la vie.

Le capitalisme et la biosphère ne peuvent tout simplement pas coexister indéfiniment. Au cours du prochain siècle, le réchauffement de la planète à lui seul va causer des ravages sur le plan du climat, provoquant la hausse du niveau de la mer, des températures extrêmes catastrophiques, des épidémies de maladies contagieuses et la diminution des terres arables, donc de la capacité agricole. La faim et la maladie vont monter en flèche pendant que les États vont devenir plus autoritaires pour réprimer les troubles sociaux. De plus en plus, le choix semble clair : ou bien les gens établiront une société écologique, ou bien les fondements de la société céderont. Ainsi, la reconquête de la politique et de la citoyenneté n'est pas seulement la condition préalable à une société libre ; ce pourrait bien être la condition de notre survie en tant qu'espèce. La question écologique exige une reconstruction fondamentale de la société.

Ces dernières années, à la faveur de cette crise menaçante, l'écologie est entrée dans l'arène politique. Comme nous l'avons vu, les partis verts qui sont apparus dans plusieurs pays ont tenté de réaliser leurs objectifs écologiques et sociaux en utilisant les institutions de l'État. Mais après quelques années seulement, ils sont devenus des partis bourgeois traditionnels, dont les élites professionnelles exercent l'art de gouverner et soutiennent, sous un vernis vert, les forces mêmes qui produisent la crise écologique.

Mais les verts ne sont que le plus récent des mouvements qui ont tenté d'atteindre des buts radicaux de gauche dans les officines de l'État-nation. Ils ont été précédés notamment par les partis socialistes européens, fondés sur un mouvement idéaliste et intègre qui, il y a quelques générations, proposait une conception socialiste de la société. Tragiquement, à mesure que le mouvement socialiste se transformait en un assortiment de partis étatistes traditionnels, sa vision était éclipsée par des préoccupations pragmatiques pour obtenir, conserver et étendre le pouvoir d'État. Maintenant, malgré leurs conceptions émancipatrices originales, le Parti social-démocrate en Allemagne, le Parti travailliste en Angleterre, le Nouveau Parti démocratique au Canada et le Parti socialiste en France n'ont plus que des différences superficielles avec leurs adversaires capitalistes.

Un siècle de pareilles défaites a eu des effets démoralisateurs. Le temps use les espoirs quand se succèdent les déceptions. Parler d'une « nouvelle façon de voir la politique » devient peu convaincant, surtout quand les gens qui pourraient être réceptifs à cette idée ont été amenés par une amère expérience à conclure que de tels efforts ne signifieront rien de plus que la mise sur pied d'un autre parti traditionnel. En désespoir de cause, ils décideront de travailler dans la marge, par exemple dans un mouvement qui ne s'intéresse qu'à une seule question.

Pourtant, l'histoire de la gauche a démontré que ces mouvements spécialisés sont aussi limités. Bien sûr, ils sont utiles pour protester contre des injustices précises, mais les résultats qu'ils obtiennent sont infimes par rapport aux changements sociaux et écologiques qui sont nécessaires. Par-dessus tout, ils n'offrent aucun programme pour ériger les institutions solides qu'exige la reconstruction de la société; pas plus qu'ils ne cherchent à créer une sphère politique où les activités démocratiques puissent devenir une présence permanente dans la vie quotidienne.

Les leçons d'un siècle de militantisme de gauche nous forcent donc à conclure que ni le parlementarisme ni les mouvements à vocation particulière ne peuvent changer la société fondamentalement. Le contrôle des usines par les travailleurs, pour sa part, mène directement à l'entreprise capitaliste collective. Que reste-t-il comme option ? De nos jours, tout mouvement politique qui se présente comme un défi au capitalisme et à l'État-nation devrait avoir une structure institutionnelle visant à rendre le pouvoir aux municipalités, c'est-à-dire qui les démocratise, les radicalise et les confédère.

Des critiques ont soutenu que les obstacles qui bloquent la voie au municipalisme libertaire sont insurmontables, particulièrement la taille énorme de beaucoup de villes actuelles. Mais si l'on se rend à cette logique, il faut conclure que l'existence même d'une condition sociale donnée signifie qu'elle est immuable. L'énormité de plusieurs villes est en effet un problème, mais les techniques mêmes qui les ont produites peuvent aussi permettre de les ramener à une échelle humaine et de les maintenir en état d'équilibre avec leur environnement naturel. L'élimination des obstacles qui bloquent la voie du changement social fait partie du processus. Tenir pour acquis que les problèmes actuels sont insolubles simplement parce qu'ils existent, c'est capituler devant eux. Le simple fait de leur existence pourrait être utilisé pour justifier l'acceptation de l'État et du capitalisme, auquel cas les libertaires de gauche n'auraient plus qu'à abandonner l'idée de les remplacer et à devenir des sociaux-démocrates ou des libéraux.

Le capitalisme ne donnera pas à ses adversaires les institutions démocratiques dont ils ont besoin pour lutter contre lui. Il se battra pour préserver son existence, ses rapports sociaux et ses institutions étatiques, même s'il doit pour cela permettre, voire applaudir, les efforts pour l'« améliorer » et le rendre acceptable. Pour qu'un peuple révolutionnaire obtienne des institutions émancipatrices, il doit les créer de sa propre initiative. S'il possède des vestiges d'institutions sur lesquelles il peut construire, comme les assemblées municipales et les conseils municipaux, tant mieux. Sinon, il lui faut les créer de toutes pièces. La tâche est plus ardue, mais elle est toujours réalisable. S'il est vrai que les traditions émancipatrices sont utiles, à elles seules elles ne sauraient faire exister un mouvement pour une société rationnelle. Dans tous les cas, l'initiative du changement social repose dans le mouvement.

Le municipalisme libertaire peut sembler utopiste, mais les étapes qu'il propose sont on ne peut plus concrètes, tout comme le sont les problèmes sociaux qui nous poussent à agir. La crise écologique mondiale affecte tout le monde, quelle que soit la classe sociale, et le désir de préserver la biosphère est présent chez presque toutes les personnes rationnelles. Le besoin de la communauté est constant dans l'esprit humain, il a refait surface régulièrement au cours des siècles, surtout en temps de crise sociale. Pour ce qui est de l'économie de marché, rappelons-nous qu'elle n'a que deux siècles ; dans l'économie mixte qui l'a précédée, le désir d'acquisition était bridé par la culture, et bien des modes d'organisation sociale ont existé autres que le capitalisme moderne.

Ce que des femmes et des hommes ont créé au cours des siècles passés peut certainement être recouvré et développé par les gens d'aujourd'hui. Si nos ancêtres, avec leurs technologies et leurs moyens de communication limités, ont été capables d'opérer des changements sociaux énormes, les femmes et les hommes d'aujourd'hui peuvent en faire autant. De fait, les moyens dont nous disposons nous donnent sur eux des avantages incommensurables.

Nous avons aussi l'avantage que, dans de nombreux endroits, des institutions démocratiques perdurent dans les fibres des États républicains actuels. La commune se cache, défigurée, dans le conseil municipal ; la section révolutionnaire dans les centres communautaires de quartier ; l'assemblée municipale dans le canton ; et la confédération municipale dans les réseaux régionaux de cités et de villes (comme la municipalité de comté, au Québec). En déterrant, en ressuscitant et en reconstruisant ces institutions cachées, lorsqu'elles existent, et en les créant là où il n'y en a pas, nous pouvons démocratiser la république et étendre la démocratie pour préparer un règne de liberté sans précédent dans l'histoire.

Radicaliser la démocratie directe permettrait l'épanouissement politique des institutions que le mouvement aurait créées.

D'où le mot d'ordre du mouvement municipaliste libertaire : « Démocratiser la république ; radicaliser la démocratie ! »

Étant donné la rapidité des changements technologiques et scientifiques, la soudaineté des soulèvements sociaux et la certitude que l'impératif de la croissance inhérent au capitalisme ne saurait être éternel, il est impossible de prédire les conditions sociales et les occasions qui existeront même pour la prochaine génération. Ce qui est sûr, c'est que l'exigence d'une société rationnelle nous oblige à devenir des êtres rationnels, c'est-à-dire à vivre à la hauteur de notre potentiel unique en tant qu'humains, et à construire la Commune des communes pour réaliser pleinement notre humanité même.

DEUXIÈME PARTIE

Entretien avec Murray Bookchin

JANET BIEHL — *Murray, un de vos critiques anarchistes a pris votre mot d'ordre « démocratiser la république et radicaliser la démocratie » et, en un certain sens, il l'a scindé en deux. Il vous accuse de vouloir seulement démocratiser la république, omettant de dire que vous voulez aussi radicaliser la démocratie. Pouvez-vous expliquer le sens de ce mot d'ordre ?*

MURRAY BOOKCHIN — Actuellement, dans la plupart des États-nations républicains, les libertés civiques qui existent au sein des cités et des villes ont été obtenues au prix de luttes ardues, livrées il y a longtemps par différents mouvements populaires. Bien des cités, il est vrai, n'ont pas de libertés civiques. Mais celles qui en ont les ont obtenues d'abord et avant tout grâce aux combats des parties opprimées de la population contre les aristocrates qui prétendaient que ces cités faisaient partie de leur propre État ou qui tentaient de les incorporer dans les États qu'ils essayaient de former. Il est vrai que dans bien des cités et des villes les personnes les plus éduquées et les mieux nanties ont souvent joué un rôle hégémonique dans ces victoires. Mais même dans ce cas, elles avaient toujours peur de ces opprimés qu'elles exploitaient le plus souvent.

Ces libertés conquises de haute lutte ont rétréci avec le temps et ont été circonscrites par les bien-nantis. Pourtant, elles existent encore, sous forme de vestige ou de sédiment, dans la culture politique de notre époque. Aujourd'hui, le mouvement municipaliste libertaire doit faire deux choses. Premièrement, il doit tenter de les préserver ; deuxièmement, il doit tenter de les étendre, de les utiliser comme tremplin pour revendiquer des libertés civiques plus étendues et pour en créer de nouvelles qui stimuleront la participation de l'ensemble de la population.

Alors, quand je dis que nous devons démocratiser la république, je veux dire que nous devons préserver ces éléments démocratiques qu'a gagnés le peuple autrefois. En même temps, il nous faut aller plus loin et essayer de les radicaliser en les élargissant, en opposition à l'État et à ces éléments de l'État qui ont envahi la vie. Je sais bien que nombre d'aspects de la vie urbaine de nos jours sont contrôlés par l'État-nation ou des corps intermédiaires tels que les gouvernements des provinces et des États fédérés qui fonctionnent dans l'intérêt de l'État-nation. On retrouve ces aspects de l'État partout, même dans les villages, sans parler de toutes les cités du monde à l'heure actuelle.

Mais à côté de ces très puissants éléments étatiques dans la vie civique, il y a aussi des éléments démocratiques, ou des vestiges d'éléments démocratiques, et ceux-ci doivent être élargis et radicalisés. Cette radicalisation, selon moi, est le seul moyen dont dispose le mouvement municipaliste libertaire pour développer un pouvoir parallèle dirigé contre l'État.

Le mot d'ordre décrit donc une lutte continue qui signifie la préservation et la radicalisation simultanées des éléments démocratiques et des libertés civiques. Ces deux processus font partie ensemble du phénomène plus large qui consiste à essayer de confronter l'État avec un pouvoir populaire suffisamment étendu pour être capable finalement de renverser l'État et de le remplacer par une société communiste libertaire.

Les dures réalités sociales actuelles

▶ *Je voudrais maintenant vous poser quelques questions au sujet des obstacles concrets qui semblent bloquer la voie à ce processus. L'un d'entre eux est le capitalisme multinational. Bien sûr, le municipalisme libertaire veut éliminer le capitalisme aussi bien que l'État-nation. Mais bien des gens croient que la capacité de l'État-nation de restreindre le capital est en déclin, surtout à cause du phénomène de la mondialisation. Si même l'État-nation avec son énorme pouvoir est impuissant devant le capitalisme, comment des municipalités ou des confédérations de municipalités peuvent-elles espérer le vaincre ? Les municipalités sont petites et les confédérations de municipalités pourraient bien n'être pas suffisamment unies. Wilmington, au Delaware, par exemple, est le quartier général de DuPont. Est-il vraiment possible de croire que Wilmington puisse jamais municipaliser cette compagnie multinationale ?*

On n'y arriverait pas tout de suite. Très bien, prenons Wilmington. Même si c'est la ville de DuPont, cela n'empêcherait pas un mouvement municipaliste libertaire d'y naître. Si j'étais un résidant de Wilmington, j'essaierais de développer un mouvement et d'y participer pour réclamer la municipalisation des terrains autour de Wilmington et pour créer toutes les solutions de remplacement qu'on puisse imaginer, sans tenir compte de DuPont et de ses usines géantes. En ce qui concerne ces dernières, oui, finalement, le mouvement devra enlever l'économie à la bourgeoisie. Mais, à ce moment-là, les municipalités auront été confédérées et la démocratie participative les aura rendues très fortes.

La « mondialisation » dont on parle aujourd'hui n'est pas nouvelle. L'exportation du capital était déjà un sujet de discussion central dans le livre de Léninc sur l'impérialisme et dans les travaux de Rudolf Hilferding sur ce sujet, au début du XXe siècle. Lénine voyait dans l'exportation du capital la clé du capitalisme de son temps. Ce qui se passe aujourd'hui, c'est que le capitalisme fait ce qu'on pouvait logiquement attendre de lui selon la théorie économique marxiste, soit exporter le capital, se promener sur tout le globe terrestre et, finalement, industrialiser toute la planète.

La mobilité du capital a donc toujours existé, et des statistiques ont démontré qu'une grande partie de cette mobilité a lieu à l'intérieur d'un même pays plutôt que de pays à pays. Mais l'idée que les usines ferment simplement leurs portes et quittent un endroit pour aller n'importe où dans le monde est grossièrement exagérée. Aux États-Unis, quelques compagnies délocalisent leurs usines vers d'autres parties du monde, comme le Mexique, mais beaucoup plus nombreuses sont celles qui se déplacent vers le sud des États-Unis, là où les syndicats sont faibles et la main-d'œuvre bon marché. Bien sûr, une usine de textile du Nord-Est peut fermer ses portes et s'en aller en Malaisie. Mais il est plus probable que ce ne sera pas le cas — elle ira ailleurs aux États-Unis et obtiendra des allégements fiscaux et d'autres avantages.

Quant à celles qui vont au Mexique ou en Malaisie, eh bien, le mouvement dont je parle s'étendrait au-delà des frontières des États-Unis. Si le capital fonctionne de manière internationale, le mouvement municipaliste libertaire doit le faire lui aussi. On savait depuis longtemps, dans les mouvements socialistes du passé (dès la Première Internationale), que la classe ouvrière doit fonctionner internationalement. Et à l'époque de la Première Internationale, on a vu des exemples d'entraide extraordinaire entre travailleurs de différents pays. Des membres de l'Internationale en Belgique ont empêché des briseurs de grève de franchir la frontière pour aller en France saboter les grèves des mineurs. Des ouvriers anglais ont recueilli des fonds de grève pour des travailleurs français, ce qui a entraîné une grande solidarité entre eux. Je suis surpris aujourd'hui quand je constate qu'une si grande partie de la gauche a perdu le sens de la solidarité internationale, mis à part quelques survivants maoïstes. Bref, un mouvement municipaliste libertaire devra être international, comme tout autre mouvement radical d'ailleurs. Et il nous faut une Internationale dynamique, solidement enracinée dans une base locale.

Quant au déclin de l'État-nation, je crois que cette idée est bien spécieuse. Les États-nations subissent certaines mutations, surtout aux États-Unis, en Allemagne, en Chine et peut-être au Japon. Ces pays sont en train de devenir dominants dans la constellation des États-nations. Par exemple, l'Allemagne d'aujourd'hui réussit remarquablement à faire ce que Guillaume II en 1914 et Hitler en 1939 ont tenté de faire par les armes, c'est-à-dire coloniser de vastes parties de l'Europe avec le mark, grâce au capital et à l'industrie, en partie avec la collaboration de la France. On pourrait dire la même chose des États-Unis en Amérique du Nord : essentiellement, ils sont en train de compléter leur colonisation du Canada et du Mexique, et ils ont toujours d'autres ambitions qu'ils entretiennent depuis deux siècles, depuis la doctrine Monroe, c'est-à-dire la colonisation de tout l'hémisphère occidental. C'est des États-nations que nous parlons ici, pas uniquement des compagnies multinationales. En d'autres termes, les principaux États-nations impérialistes ont découvert de nouvelles façons de réaliser l'impérialisme, grâce à leur puissance industrielle et financière plutôt qu'en faisant simplement la guerre.

▶ *Mais est-ce que le but de l'ALÉNA, du GATT et de l'Union européenne n'est pas de renforcer les compagnies plutôt que l'État-nation? Il semble que le pouvoir du gouvernement des États-Unis est affaibli par l'ALÉNA; par exemple, il mine sa capacité d'adopter des lois sur l'environnement. Ces accords de « libre-échange » qui font partie de la « mondialisation » n'essaient-ils pas d'éliminer l'intervention de l'État dans les activités des compagnies pour que le capital puisse récolter de plus gros profits?*

Oui, je suis tout à fait d'accord avec vous que les intérêts des compagnies sont puissamment soutenus. Mais je ne suis pas certain que les États-nations regrettent que le pouvoir des compagnies les soustraie à certaines lois du pays. L'État bourgeois a toujours été au service du capital. Notez bien que tout récemment, l'administration Clinton a laissé tomber la clause Delaney, la loi qui interdisait la présence de cancérigènes dans les denrées alimentaires. Il y a 40 ans, je soulevais la question des pesticides dans la nourriture quand Delaney présidait la commission du Congrès, et maintenant tout est en train d'être défait.

Il est triste de voir bien des soi-disant gauchistes se tourner vers l'État-nation pour obtenir un recours contre le capital! La gauche pousse si loin la sottise que quelqu'un comme Chomsky, qui se dit anarchiste, veut renforcer ou du moins soutenir l'État centralisé contre les demandes de « dévolution » aux gouvernements des États, comme si l'État centralisé pouvait être utilisé contre les compagnies, qu'il a toujours fini par aider!

Mais la question qui me préoccupe le plus est la suivante: qu'arrive-t-il aux pouvoirs essentiels des États-nations en dehors des divers accords internationaux? Dans quelle mesure certains d'entre eux imposent-ils à d'autres leur volonté? Sous prétexte de la prétendue « guerre aux drogues », les États-Unis font entrer leurs hélicoptères au Mexique pour réprimer l'action de groupes comme les zapatistes, par exemple. Ils augmentent le pouvoir de police des Mexicains dans la répression de la paysannerie. Autrefois, ils ne pouvaient le faire que subrepticement, comme quand ils subventionnaient les Contras au Nicaragua. Mais maintenant ils peuvent le faire ouvertement. Des pays européens aussi ont plus de liberté pour utiliser leur police dans le but de seconder d'autres pays dans des démarches qui sont fondamentalement contre-révolutionnaires.

Si j'admets que les États-Unis compromettent leurs propres lois sur l'environnement (que l'État a été forcé d'adopter par les environnementalistes, à son corps défendant), il n'en reste pas moins qu'ils aident encore les compagnies américaines à exploiter le travail étranger à bien meilleur marché — ce que les compagnies auraient fait de toute façon —, et l'État a plus de pouvoir de police interne qu'il n'en avait avant. Prenons la prétendue loi antiterrorisme que l'administration Clinton a récemment adoptée : elle permet beaucoup plus d'écoute électronique et menace même l'*habeas corpus*, ce vieux droit qui date de l'Angleterre médiévale ! Ainsi, même si de plus grands pouvoirs sont donnés aux compagnies dans l'ALÉNA, etc., les États jouissent aussi de plus grands pouvoirs internes, et plus ouvertement qu'auparavant.

En fin de compte, l'État essaie toujours d'étendre les marchés pour les compagnies. Personne ne devrait en douter. Il y a un très grand danger à se concentrer sur l'extension des pouvoirs donnés aux compagnies et sur l'exportation du capital, l'expansion des marchés étrangers. On peut facilement oublier le rôle énorme que joue l'État et les pouvoirs énormes que celui-ci s'octroie par l'agrandissement des pouvoirs des compagnies. Les deux agissent entièrement de concert. Il est grand temps de commencer à parler de tous les États actuels comme d'États bourgeois, pas seulement d'États-nations.

▶ *Comment les municipalités confédérées pourront-elles éviter d'être mises au service des compagnies de la même façon que l'État ?*

D'abord, les municipalités confédérées peuvent essayer de mobiliser les gens à la base. Elles peuvent essayer de se constituer en un mouvement, même s'il n'existe pas encore. Ensuite, elles peuvent tenter d'implanter des solutions de remplacement au capitalisme, concrètes autant que politiques. Dans la mesure où un tel mouvement s'étend, elles peuvent essayer de mobiliser l'opinion publique à un point qui échappe généralement à la capacité des partis — surtout à une époque où règne tant de cynisme à l'égard de la politique — pour contrecarrer activement l'expansion à l'étranger de DuPont, par exemple.

Mais je ne vois aucun intérêt à former un parti comme les verts, qui présentent Ralph Nader à la présidence. Malgré son radicalisme apparent, Nader veut opérer complètement à l'intérieur du système existant. Quant à moi, je propose de développer des solutions radicalement différentes du système actuel. Je propose d'établir une culture politique séparée, des modes d'organisation, des modes de transformation à la fois politiques et économiques non seulement pour le Delaware, mais pour la totalité des États-Unis, ou du Canada ou de tout autre pays, alors que ceux qui opèrent dans le cadre social actuel ne veulent que modérer l'État, lui donner un « visage humain ». D'ailleurs, ce faisant, ils le rendent plus acceptable socialement.

J'ajouterai autre chose. Si un parti apparemment radical est corrompu par le parlementarisme, ce qui a été le cas de tous les partis que je connais, alors ce parti lui-même, ce même parti parlementaire tentera de modérer la situation existante ; en fait, il tentera de rendre plus facile pour les éléments les plus vicieux de la société de faire ce qu'ils veulent.

Le mouvement municipaliste libertaire n'existe pas à l'heure actuelle, même si on parle beaucoup ces jours-ci de démocratie locale dans différents milieux. Pourtant, un tel mouvement est le seul recours dont nous disposions contre la voie parlementaire, qui conduirait certainement à d'énormes compromis qui, finalement, soutiendraient le pouvoir des compagnies comme celui de l'État. Bien sûr, nous pourrions aussi adopter le mode de vie des anarchistes hédonistes — en courant tout nus dans les bois — et ne rien faire d'autre que de nourrir notre ego.

▶ *Un autre problème que rencontre à l'heure actuelle le municipalisme libertaire, ou toute autre approche, c'est la transformation des grandes villes en mégapoles. Il est évident que, pour vous, de grandes cités peuvent être décentralisées, et vous distinguez décentralisation physique et institutionnelle. Mais de nos jours, les mégacités comme Rio de Janeiro, Djakarta, Shanghai ou Le Caire abritent des populations immenses, avec les paysans déracinés de la campagne qui y migrent pour toutes sortes de raisons. Ces mégacités vont encore grossir au cours des prochaines années, jusqu'à 15 ou 20 millions d'habitants. Pourrait-on en faire des communautés par les moyens que vous décrivez?*

Il me faut reconnaître que dans ces cités géantes il serait extrêmement difficile de créer une culture et un mouvement municipalistes libertaires. Mais cela ne veut pas dire que ce soit impossible. Les gens partagent encore des intérêts communautaires dans toutes sortes de domaines, allant de la cueillette des déchets à l'éducation, de la pollution de l'air au trafic routier, etc. Cela ne changerait pas. Et ils auraient encore une raison d'essayer de modifier la structure physique de leur environnement. Une culture civique commune pourrait encore naître.

Il existe un phénomène très important : c'est que de nombreuses agglomérations, lorsqu'elles atteignent une grande taille, commencent à se recréer en petites villes. Je doute fort que 20 millions de personnes puissent vivre dans une mégapole sans recréer des centres urbains plus petits et, finalement, se constituer en une agglomération de villes relativement plus petites.

Et cela se produit actuellement, bien que de nombreuses études sur l'urbanisme le passent sous silence. Aux États-Unis (je connais ce pays-ci mieux que les autres parties du monde), les mégacités qui paraissent physiquement semblables à ces énormes agglomérations urbaines qui sont en train de naître ailleurs rétrécissent de l'intérieur pour devenir des centres urbains de plus en plus petits. Au sens traditionnel, la banlieue est une communauté-dortoir composée de lotissements monotones, une enclave homogène de médiocrité de la classe moyenne, mais actuellement, plusieurs banlieues se transforment en noyaux et ont leurs propres centres, leurs propres secteurs industriels et commerciaux. Dans des lieux où pendant des années n'existaient que des lotissements résidentiels, on voit émerger des regroupements dans lesquels apparaissent des immeubles de bureaux, des organismes, des écoles, des édifices gouvernementaux et même des industries nouvelles. Les gens ne vont plus dans le vieux « centre-ville », ils vont maintenant dans les nouveaux centres qu'ils ont créés dans la banlieue. De sorte que ce qui était à l'origine des communautés-dortoirs se transforme en villes relativement viables.

▶ *Mais est-ce que ces nouvelles petites villes ne sont pas très souvent des bastions de privilégiés ? Elles sont habitées par des gens qui ont fui la pauvreté du centre des cités, et, dans leur ville privée, ils peuvent se payer leur propre police, leur propre système scolaire ; les résidants sont assez riches pour financer leur propre système communautaire privé. Et ils élèvent des murs autour de ces cités privatisées pour en exclure ceux qu'ils regardent comme des « indésirables ».*

Bien sûr, plusieurs de ces nouvelles cités sont des ghettos de privilégiés. En fait, j'ai prédit voilà plusieurs décennies, dans *The Limits of the City*, qu'il y aurait une tendance vers un genre de ghettos où les riches s'isoleraient des pauvres. On ne peut ignorer la possibilité que ce phénomène conduise à un développement très réactionnaire.

Mais nous sommes encore dans une période de transition. On ne sait pas ce que ces cités-noyaux deviendront à la longue. Elles n'engagent pas toutes leur police privée et ne développent pas toutes un système d'éducation à part. Elles ne sont pas toutes des entités privatisées entourées de murailles. Cela arrive trop souvent, mais c'est loin d'être le cas partout.

D'un autre côté, même ces enclaves forment des noyaux qui pourraient un jour être utilisés de manière progressiste. Notre travail à nous est de découvrir leur potentiel qui, en cas de crise sociale, pourrait se prêter à une approche municipaliste libertaire. Ce qui est aujourd'hui une ville de privilégiés pourrait un jour subir un coup économique qui en ferait une ville assez rebelle. Une communauté totalement protégée, dans laquelle les forces économiques, environnementales et culturelles de la société s'ouvrent une brèche, peut devenir une cité radicale. L'avenir de ces cités n'est pas hypothéqué par les portes verrouillées qui les séparent des endroits moins privilégiés.

Pour dire les choses carrément, nous aurons ou bien le socialisme ou bien la barbarie. Je ne doute pas que la barbarie soit possible ; en fait, elle n'est que trop avancée dans bien des aspects de la vie. Mais il y a encore des domaines d'où elle est presque absente. Je n'exclus pas non plus la possibilité de l'échec. Mais s'il existe une raison d'espérer, c'est l'approche municipaliste libertaire qui nous la fournit, laquelle reconnaît les transitions qui pourraient bien avoir lieu même dans certains de ces espaces-noyaux les mieux gardés.

▶ *Un autre problème que rencontrerait aujourd'hui le mouvement municipaliste libertaire est celui des médias de masse. Ils exercent sur l'esprit humain un effet d'étouffement, le réduisent au plus petit dénominateur commun et engendrent une délégation de conscience. Ils font la promotion de la société de consommation en nous cajolant de toutes les manières possibles pour nous convaincre d'acheter des choses dont nous n'avons pas besoin. Pour les gens qui essaient de développer une culture politique qui accorde de la valeur à l'engagement envers le bien commun plutôt qu'à la seule maximisation du plaisir individuel et de l'intérêt personnel, comment contrer cette immense pression culturelle ?*

Un mouvement municipaliste libertaire travaillerait sur une base intime et personnelle dont on espère qu'elle est hors des limites que peuvent atteindre les médias. Ce qu'il faut bien comprendre, c'est que dans la mesure où la propriété des médias devient de plus en plus concentrée, ceux-ci deviennent des forces d'aliénation, et de nos jours de plus en plus de gens détestent sincèrement ces institutions isolées dans leur tour d'ivoire qui semblent gouverner leurs vies. Si les médias ont en effet un grand pouvoir sur l'opinion publique, ils désenchantent aussi des millions de personnes. En fait, bien des gens sont dégoûtés par les médias.

Pendant l'année électorale 1996, aux États-Unis, le mouvement de formation de tiers partis, aussi faible qu'il ait été, et l'abstention électorale sans précédent ont démontré que bien des Américains ne peuvent trouver aucune organisation étatiste qui apporte une réponse sensée à leurs problèmes. Ils en ont assez des étalages médiatiques et des tentatives des médias pour les infantiliser et les avilir. On n'a qu'à voir la réaction populaire aux assemblées d'investiture des républicains et des démocrates en 1996 : même les médias ont déclaré qu'ils ne couvriraient plus ces assemblées si elles devaient être si manifestement organisées pour la télévision. La hargne s'accumule contre cet ouragan des médias concentrés, et le mouvement municipaliste libertaire doit profiter de l'aliénation du public.

En fait, l'approche municipaliste libertaire serait la seule qui pourrait espérer contrer le pouvoir concentré des médias, parce qu'elle essaie de rejoindre les gens dans leur communauté et de leur fournir des moyens de bloquer les effets des médias, de s'y opposer en travaillant dans l'action face à face.

▶ *Un autre problème encore est celui du temps. De simples citoyens, en nombre toujours croissant — ceux qui ont le plus à gagner du municipalisme libertaire en enlevant du pouvoir aux élites —, doivent avoir deux et même trois emplois pour joindre les deux bouts. Ils n'ont même pas assez de temps pour voir leur famille. Comment peut-on leur demander de se présenter à une assemblée publique quand ils doivent faire toutes sortes de compromis juste pour pouvoir lire une histoire à leurs enfants le soir ?*

Si les gens veulent devenir des êtres humains plutôt que des organismes qui ne font que survivre, je prétends qu'il leur faut faire quelques compromis. Si les gens aujourd'hui sont prêts à accepter un mode de vie qui exige d'eux qu'ils passent au travail toutes les heures où ils ne dorment pas simplement pour subsister, je dois avouer que je ne comprends pas ce qui les pousse à continuer, si ce n'est quelque instinct animal de survie. Une des exigences les plus difficiles de la philosophie occidentale, surtout de la philosophie grecque, a été que les gens s'efforcent de se réaliser en tant qu'êtres humains. S'ils ne veulent pas le faire, s'ils ne le peuvent absolument pas, alors d'autres qui le peuvent devront agir à leur place pendant quelque temps, sans condescendance, sans exiger de privilèges en retour. Les injustices qui forcent tant de gens à travailler de longues heures doivent être corrigées de sorte qu'ils puissent enfin être libres de venir aux assemblées.

Je veux croire que, dans une société rationnelle, le progrès de la technologie, comme l'automatisation, réussira presque à abolir le travail pénible ; mais cela, c'est l'avenir. En ce moment, les gens doivent faire l'effort moral d'être libres, de trouver le temps — aussi difficile que ce soit — de participer aux réunions et de prendre le contrôle de leur vie.

Identité et universalité

▶ *Vous évoquez souvent Athènes et la Nouvelle-Angleterre coloniale comme précédents historiques de démocratie directe. Pourtant, les Athéniens de l'Antiquité étaient extrêmement patriarcaux et ils avaient des esclaves. Les puritains de la Nouvelle-Angleterre aussi, qui pendaient les quakers et réduisaient en esclavage les Amérindiens. Ces sociétés ne sont-elles pas si viciées par le sexisme et le racisme, si exclusives à l'homme blanc qu'on ne saurait vraiment s'en servir de nos jours comme modèles d'une société libre?*

Malgré la critique persistante qu'on m'oppose à ce sujet, je n'ai jamais proposé Athènes ou la Nouvelle-Angleterre comme « modèles ». Aucun des exemples historiques dont je parle ici ou ailleurs ne représente un modèle des idées du municipalisme libertaire — ni la classique Athènes ni les diverses cités médiévales et confédérations de municipalités —, même pas les sections révolutionnaires de Paris ou les assemblées municipales de la Nouvelle-Angleterre. Aucune, permettez-moi d'insister, ne représente l'image idéale de ce qui pourrait ou devrait être réalisé dans l'avenir.

Toutes avaient des tares majeures, notamment les divisions et les antagonismes de classe et l'exclusion de l'activité publique des femmes et, souvent, des non-propriétaires. L'*ecclésia* d'Athènes n'admettait pas les résidants étrangers (les métèques), même ceux qui vivaient dans la ville depuis plusieurs générations. La conception athénienne de la citoyenneté était fermée. Parfois, des gens se comportaient injurieusement et avec arrogance dans l'*ecclésia*. Les citoyens se laissaient facilement influencer par des orateurs ou des démagogues ne recherchant que leur propre intérêt. Et ces sociétés étaient bien loin de s'être libérées de la rareté et du travail pénible; les fractions de la population qui travaillaient le plus fort étaient trop fatiguées pour aller à l'assemblée.

Il n'y a donc aucun modèle, nulle part, de société municipaliste libertaire. Par-dessus tout, la société municipaliste libertaire serait une société rationnelle, et bien des cultures qui ont produit ces institutions n'étaient même pas rationnelles. Les Athéniens surchargeaient leurs assemblées d'affaires sacrées, de sorte que l'ordre du jour était divisé entre affaires sacrées et profanes. Et ces assemblées avaient bien d'autres défauts, même si Cornelius Castoriadis a récemment tenté de les minimiser, en arguant que les esclaves n'étaient au fond que la propriété d'une petite élite riche. Ce n'est pas vrai du tout, selon Hansen[1]. Je serais le dernier à voir dans ces cités des modèles. La cité que j'envisage comme étant vraiment rationnelle, libre et écologique n'a encore jamais existé, et toutes mes évocations des cités historiques n'ont d'autre but que de démontrer que des institutions remarquables ont existé dans le passé qui méritent notre considération approfondie. Je les cite non pour ce qu'elles ont été à un moment donné, mais parce qu'historiquement elles ont innové et parce qu'elles ont établi une tradition, qui demeure inachevée à ce jour ; une tradition que le municipalisme libertaire pourrait bien amener à son accomplissement rationnel.

▶ *Des amis dans d'autres parties du monde ont éprouvé des difficultés à évoquer l'assemblée municipale de la Nouvelle-Angleterre parce qu'elle appartient à la culture américaine plutôt qu'à la leur. Ou bien, il leur semble que les sections parisiennes appartiennent à la France et donc ne sont pas pertinentes pour leur région. Même la démocratie semble étrangère aux traditions dans bien des parties du monde : elle est d'origine européenne. Comment ces idées « étrangères » peuvent-elles être pertinentes pour les gens ailleurs dans le monde ? Ces derniers devraient-ils plutôt se référer aux traditions indigènes même si elles ne sont pas nettement démocratiques ?*

Mon intérêt pour les institutions démocratiques n'est pas propre aux cultures où elles sont nées. Ainsi, ce n'est pas parce que je suis grec que je parle de l'*ecclésia* d'Athènes ; je ne suis pas grec. Je ne suis pas français, encore moins parisien, pourtant j'ai sans cesse répété la valeur de l'étude des sections parisiennes. Je ne suis pas non plus espagnol même si j'évoque les *comuneros*. Et je ne suis pas natif de la Nouvelle-Angleterre ; je n'ai vécu ici que le

---

1. Mogens Herman Hansen, *La démocratie athénienne à l'époque de Démosthène*, Paris, Les Belles Lettres, 1993.

tiers de ma vie, j'en ai vécu la plus grande partie dans la ville de New York. Mais l'assemblée municipale est un exemple remarquable de démocratie directe. Devrais-je l'ignorer parce que je vis maintenant en Nouvelle-Angleterre ?

Au cours des années 1960, il est vrai, je prônais fortement la nécessité de travailler à partir des traditions purement américaines. Mais cette attitude ne venait pas d'un chauvinisme américain chez moi — même si on m'a accusé de cela. Je m'opposais à la « nouvelle gauche » qui parlait au peuple américain en termes de marxisme allemand, de léninisme ou de stalinisme russes et de maoïsme chinois. Je ne veux pas dire que le marxisme n'avait pas et n'a pas encore de pertinence aux États-Unis, pas du tout. Mais à cause de son opposition bien compréhensible à l'impérialisme américain, ce que faisait en réalité la nouvelle gauche, c'était de vénérer le totalitarisme chinois et vietnamien. De nos jours, un grand nombre de ces militants aimeraient bien oublier les dégâts qu'ils ont causés, étant donné les récents développements, qui étaient fort prévisibles.

En évoquant Athènes, la Nouvelle-Angleterre et les sections parisiennes, j'essayais de montrer que les libertaires de gauche ont de bons exemples d'institutions de liberté à leur propre porte, dans certains cas. Il n'était pas nécessaire de chercher ailleurs, même pas en Asie du Sud, certainement pas en Chine.

Ce sont toujours les institutions elles-mêmes qui ont été le centre de mon intérêt, pas la cité idéalisée. À quoi servirait-il de parler de l'*ecclésia* d'Athènes ou des sections parisiennes si j'étais un Américain chauvin ? De toute évidence, je m'intéressais à la structure et à la faisabilité de ces institutions, et seulement de manière secondaire au fait qu'elles faisaient partie de traditions complémentaires de la pensée américaine.

Si les êtres humains sont potentiellement rationnels, comme l'affirmait Aristote, c'est la rationalité des institutions qui devrait compter plutôt que les traditions. Je n'aurais aucune hésitation à aller dans des endroits qui n'ont aucune tradition démocratique, ni idéologique ni institutionnelle, et à essayer de faire comprendre les avantages d'une société authentiquement démocratique. Mon travail serait alors d'agir comme un propagandiste ou un agitateur et de parler au peuple du nouveau, pas nécessairement de l'ancien, opposant même le nouveau à l'ancien, tâchant d'expliquer par des arguments rationnels solides, par des arguments tirés de la tradition, pourquoi il devrait écarter un système ancien et en adopter un nouveau. Une telle entreprise aiderait à compenser l'oppression des gens, devenue profondément ancrée dans leur propre pensée. Je ne crois pas que c'est être paternaliste ou élitiste. Il y a des traditions dont nous ferions très bien de nous débarrasser, comme l'excision du clitoris, s'il vous plaît ! ou l'imposition du voile aux femmes, ou les interprétations mythiques de ce qui sont en réalité des problèmes sociaux, interprétations qui obscurcissent et déguisent le pouvoir des élites établies.

Pas plus que je trouve, en tant que juif, enrichissant ou profitable de retourner aux traditions tirées des Écritures hébraïques, qui sont assez sanguinaires en réalité. Je pourrais faire le tour de mes propres « traditions », en choisir certaines et rejeter les autres ; mais je n'y adhère ni ne les rejette simplement parce qu'elles font partie de mon propre passé ethnique. Toujours, je soutiens que si les gens sont des êtres potentiellement rationnels, ils devraient essayer de vivre dans une société rationnelle, quelles que soient leurs traditions. Je préfère penser que l'humanité apprend depuis 10 000 ans à sortir du primitivisme et du traditionalisme et des coutumes plutôt que de croire que nous allons tenter de raviver le traditionalisme pour le traditionalisme.

▶ *Parfois, quand des gens créent des groupes municipalistes libertaires, ils décident de tenir une assemblée populaire dans leur quartier, mais peu de gens se présentent. Un Moscovite qui nous a rendu visite récemment nous parlait de ce problème. C'est très démoralisant. Qu'avez-vous à dire à ces gens ?*

Prenez grand soin de ceux qui se présentent. Prenez-en grand soin. Tâchez de les éduquer. Rappelez-vous que même dans une société municipaliste libertaire, la participation aux assemblées ne sera pas nécessairement universelle. Même Athènes dans l'Antiquité n'exigeait pas la participation universelle. Les conditions y étaient très propices à la démocratie et les Athéniens avaient une culture démocratique ; pourtant, même eux avaient fixé le quorum à 5 000 personnes sur un corps politique de 30 000. Ce n'est qu'un sixième de tous ceux qui étaient éligibles. Autrement dit, ils se contentaient d'un citoyen sur six à l'*ecclésia*.

Et si les sections parisiennes les plus révolutionnaires étaient une merveilleuse explosion d'énergie, elles ne représentaient qu'une minorité de la population de la section. Très souvent, seulement 15 ou 20 personnes assistaient aux réunions. Et en général ce n'est que dans les moments de crise que plus d'une vingtaine de personnes venaient à une réunion spéciale, parmi tous ceux qui en avaient le droit. L'assistance aux réunions des sections variait selon le sujet à l'ordre du jour.

Les gens peuvent décider d'assister ou non à une réunion de l'assemblée, selon leurs goûts personnels, pour des raisons de nature privée, selon le degré de leur intérêt, le temps dont ils disposent, l'ordre du jour, leur propre niveau de développement social et politique, la maladie et quoi encore ! Un des sophistes que je connais à La Nouvelle-Orléans, John Clark, prétend qu'à moins que tous n'assistent à l'assemblée, elle ne sera pas vraiment démocratique. Il prend la population totale d'une de nos grandes villes actuelles, il calcule combien de personnes vivent dans chaque quartier et conclut que d'énormes quantités de gens formeraient chaque assemblée — disons de 5 à 10 000. Et il faudrait qu'ils soient tous présents, semble-t-il, pour que ce soit une vraie démocratie ; mais voyez, dit-il, ils sont trop nombreux pour la démocratie. Donc, le municipalisme libertaire est impossible, voilà son raisonnement. C'est comme s'il mettait une grille sur une cité de 8 millions d'habitants et calculait combien de personnes devraient être présentes dans le moindre petit carré.

Mais l'hypothèse ici, c'est que chaque bébé, chaque enfant, toutes les victimes de la maladie d'Alzheimer doivent assister à l'assemblée pour qu'elle soit populaire. Ça devient un sophisme logistique dont le but est d'obscurcir le débat plutôt que de le clarifier. La chose la plus importante concernant les assemblées populaires dans une société municipaliste libertaire, une société qui avec le temps aurait été décentralisée physiquement autant qu'institutionnellement (et je ne parle pas ici de fermes éparpillées partout sur de vastes prairies), c'est que, quand tout cela aura finalement été accompli, ce serait un miracle si tous ceux qui sont simplement capables physiquement de venir à l'assemblée, ou même une majorité d'entre eux, le faisaient.

Ce qui compte, c'est que le droit de participer existe. Ce droit monte la garde contre toute tendance autoritaire ou hiérarchique.

Les portes sont ouvertes, et ce serait un véritable outrage que les gens soient forcés d'assister aux assemblées. Non seulement, une telle entreprise serait irréaliste, mais ce serait une parodie des droits fondamentaux, celui de ne pas y assister autant que celui d'y assister. L'idée, c'est que les assemblées populaires doivent être ouvertes à tous ceux qui vivent dans une municipalité et qui ont atteint un certain âge, sans restriction, qu'on encourage les gens à y assister et qu'ils soient informés des sujets qui seront discutés, de sorte qu'ils puissent décider s'ils veulent participer au processus de démocratisation. Je serais très surpris si tous les membres d'une communauté capables d'assister à l'assemblée le faisaient, même à une réunion où doivent être prises les décisions les plus importantes.

Autre point important : le municipalisme libertaire n'est pas exclusivement un mouvement visant à créer des assemblées populaires. C'est aussi un processus de création d'une culture politique. Presque partout, le mouvement municipaliste libertaire mettrait des années à connaître le succès (je suis incapable de dire combien), à convaincre les gens qu'il offre une solution à l'impasse politique et économique actuelle. Le municipalisme libertaire est un processus et c'est un mouvement qui tente de développer ce processus, de l'élargir, de gagner l'esprit des gens, même avant que ses institutions ne soient établies. La bataille devra se poursuivre, certainement au-delà des années qu'il me reste à vivre.

Ainsi donc, on ne doit pas confondre le mouvement municipaliste libertaire avec la société municipaliste libertaire, même si, évidemment, le but du mouvement est de créer cette société. Pas plus qu'on ne doit confondre le processus d'éducation avec le succès immédiat, sur-le-champ.

Mais je vais faire une prédiction : si les municipalistes libertaires réussissent à établir des assemblées populaires, sous quelque forme que ce soit, dans certaines communautés, les fondateurs de l'assemblée eux-mêmes seront une minorité, parce qu'une tentative sera faite par d'autres intérêts, y compris par des intérêts de classe, pour s'en emparer. L'histoire doit nous donner raison. Bien des erreurs de jugement seront commises, bien des échecs surviendront, bien des reculs seront nécessaires, et des années passeront au cours desquelles il semblera que la propagande de ce mouvement n'obtient aucune réponse positive. Mais en quoi est-ce nouveau? Le mouvement anarchiste a mis 70 ans à prendre racine en Espagne. Les révolutionnaires russes ont mis presque un siècle avant de modifier suffisamment la conscience et, finalement, de secouer assez le peuple russe pour qu'il soit prêt à démolir l'autocratie tsariste.

Un problème, c'est que les gens veulent des résultats immédiats ou rapides; c'est une des principales tares de la génération d'après-guerre. La révolte des années 1960, malgré toutes ses idées généreuses, s'est effondrée entre autres parce que les jeunes radicaux exigeaient une satisfaction immédiate et des succès sensationnels. Si les gens croient aujourd'hui que la politique est comme une machine distributrice dans laquelle on dépose sa pièce de 25 cents et qui expulse une tablette de chocolat, alors je leur recommanderais de retourner à la vie privée. Les gens doivent se préparer, ils doivent s'aguerrir, ils doivent avoir de la force de caractère, ils doivent incarner la culture politique de l'avenir dans leur propre caractère pour créer un mouvement qui pourrait un jour changer la société pour qu'elle soit libertaire, communaliste et politique dans le meilleur sens de ce mot.

La nature du mouvement

▶ *Vous critiquez les initiatives économiques alternatives comme les coopératives, car en fin de compte, dites-vous, elles s'imbriquent bien dans la société capitaliste. Pourtant, votre économie municipalisée s'organiserait certainement selon un mode coopératif. Les formes économiques alternatives seront certainement nécessaires, par exemple des coopératives appartenant à la municipalité. Quand vous critiquez les coopératives, voulez-vous dire que les efforts pour les construire n'ont aucune pertinence pour un mouvement municipaliste libertaire?*

Non, je ne suis pas opposé aux coopératives par principe. Elles sont inestimables, surtout comme écoles pour apprendre aux gens comment coopérer. J'ai seulement tenté de montrer qu'elles ne sont pas capables d'éliminer le capitalisme en le colonisant par la multiplication des coopératives, parce qu'elles fonctionnent comme les entreprises capitalistes à bien des égards, c'est-à-dire qu'elles deviennent partie du système de marché, quelles que soient les intentions de leurs fondateurs.

Vers 1849, Proudhon eut l'idée — il ne fut pas le seul — qu'en créant des banques du peuple sous forme de coopératives, on pourrait remplacer le capitalisme. De nos jours, si je voulais suivre Proudhon, il me faudrait croire que plusieurs petites institutions de crédit pourraient finalement remplacer la Chase Manhattan, que de petites épiceries coopératives pourraient un jour remplacer les chaînes de supermarchés. Il me faudrait croire que de petites usines chimiques pourraient remplacer la compagnie DuPont, du Delaware.

La valeur des coopératives aujourd'hui consiste en leur capacité à enseigner aux gens à coopérer. Mais en général, ce qui arrive dans la plupart des coopératives, selon ma propre expérience et l'expérience historique, c'est qu'elles deviennent de véritables entreprises bourgeoises, se lançant dans la concurrence que produit le marché. Celles qui ne le font pas disparaissent.

En revanche, les coopératives appartenant à la municipalité ne seraient pas des coopératives au sens traditionnel du terme. Elles ne seraient pas des coopératives privées ou des fédérations de coopératives privées. Elles seraient la propriété d'une communauté réunie dans une assemblée populaire. Elles opéreraient donc comme partie de la communauté, pas séparément, et elles devraient lui rendre des comptes. Non seulement elles seraient la propriété de la communauté, mais plusieurs de leurs politiques seraient décidées par la communauté en assemblée. Seule l'application pratique de ces politiques serait de la juridiction des coopératives individuelles.

De plus, c'est l'ensemble de la population qui établirait un genre de relation morale avec la coopérative parce que celle-ci serait partie intégrante du public. Voici un domaine où la culture politique va au-delà de la politique purement institutionnelle de l'assemblée et de la confédération. Non seulement l'économie serait municipalisée, mais la culture politique pourrait aider à créer une économie morale dans la communauté, un nouveau genre de relations économiques entre les citoyens et leurs moyens d'existence, qu'ils soient producteurs ou détaillants.

Dans ces circonstances de municipalisation et de culture politique, il n'y aurait aucun danger qu'une coopérative devienne une entreprise libre de s'engager dans le marché capitaliste. Nous n'aurions plus de marché authentique au sens bourgeois du terme. Dans le marché bourgeois, le rapport acheteur/vendeur n'est pas seulement concurrentiel, il est anonyme. Les coopératives appartenant à la municipalité pourraient bien renverser le marché parce qu'elles seraient la propriété de la communauté et que les citoyens auraient la responsabilité morale de les perpétuer.

Je ne crois pas que la bourgeoisie tolérerait longtemps cette innovation. Le municipalisme libertaire ne s'approche pas du capitalisme à pas de loup pour lui couper l'herbe sous le pied d'un coup sec. Tout ce que je décris entraîne une confrontation, tôt ou tard, non seulement avec l'État, mais également avec le capitalisme. Le municipalisme libertaire a pour but d'éveiller dans les communautés un changement révolutionnaire qui à divers degrés applique la pratique municipaliste libertaire.

Il est impossible de prévoir comment ce changement et cette confrontation se produiront. Qu'il suffise de dire qu'ils peuvent ouvrir toute grande la porte à l'improvisation de « stratégies » que nul ne saurait prédire. Où mènera une telle confrontation ? Comment se déroulera-t-elle ? Je l'ignore, mais ce que je sais, c'est que si un nombre suffisant de communautés choisissaient le municipalisme libertaire, nous aurions créé, potentiellement à tout le moins, quelque chose comme une situation révolutionnaire.

▶ *Certains socialistes libertaires ont soutenu que vous êtes trop prompt à rejeter le contrôle par les travailleurs. « Travailleur », disent-ils, n'est plus désormais une catégorie exclusive. La majorité des adultes des deux sexes et en bonne santé sont des travailleurs, de nos jours. Puisque la catégorie est si vaste, pourquoi le municipalisme libertaire ne peut-il pas se combiner au contrôle par les travailleurs ?*

Oui, la grande majorité des gens sont obligés de travailler pour gagner leur vie, et une grande proportion d'entre eux sont des travailleurs productifs. Mais énormément de travailleurs sont improductifs. Ils opèrent complètement à l'intérieur du cadre et des circonstances créés par le système capitaliste, comme le fait de manipuler des factures, des contrats, des notes de crédit, des polices d'assurance, etc. Neuf travailleurs sur dix n'auraient pas de travail dans une société rationnelle où il n'y aurait nul besoin d'assurances ni d'aucune autre transaction commerciale.

Dans une société municipaliste libertaire, l'assemblée déciderait des politiques de l'économie tout entière. Les travailleurs se débarrasseraient de leur identité et de leurs intérêts professionnels particuliers, du moins dans le champ politique, et se percevraient d'abord et avant tout comme citoyens de leur communauté. La municipalité, par son assemblée de citoyens, exercerait le contrôle et prendrait les grandes décisions concernant ses usines, et élaborerait les politiques qu'elles doivent suivre, toujours dans une perspective civique plutôt que professionnelle.

L'idée des gens qui veulent inclure le contrôle par les travailleurs dans le municipalisme libertaire, c'est que lorsque nous aurions démocratisé la société tout entière par l'assemblée populaire, nous démocratiserions aussi le lieu de travail pour le remettre au contrôle des travailleurs. Mais qu'est-ce que cela voudrait dire ? Eh bien, à moins que les travailleurs dans une entreprise ne commencent réellement à se percevoir d'abord et avant tout comme des citoyens plutôt que comme des travailleurs, il est fort probable qu'ils exigent de détenir l'autorité sur leurs lieux de travail aux dépens de l'assemblée populaire. Si vous retirez du pouvoir à l'assemblée populaire pour le donner à l'usine, vous ouvrez des brèches dans l'unité de l'assemblée populaire et augmentez la possibilité que le lieu de travail lui-même devienne un élément subversif par rapport à l'assemblée populaire.

Je m'explique. Plus le lieu de travail a de pouvoir, moins l'assemblée populaire en a, et vice versa. Si le contrôle par les travailleurs devient une partie essentielle de notre programme, nous aurons diminué le pouvoir de l'assemblée populaire et nous aurons ainsi ouvert la porte à la possibilité que le lieu de travail augmente son pouvoir aux dépens de l'assemblée populaire.

Comme je l'ai dit, la simple prise de possession d'un atelier et sa gestion par les travailleurs ne font pas disparaître la possibilité qu'ils développeront — en fait, qu'ils accroîtront — un sentiment très vif des intérêts particuliers de l'entreprise. Le contrôle par les travailleurs peut facilement avoir pour résultat que ces derniers se particularisent, quel que soit leur travail. En 1936, dans la Barcelone anarcho-syndicaliste, les travailleurs qui avaient pris le contrôle, disons, d'une usine de textile se sont souvent opposés à leurs camarades de la même industrie qui avaient pris possession de la leur. C'est-à-dire que ces travailleurs devenaient souvent des capitalistes collectifs, comme le fait remarquer Gaston Leval dans son ouvrage sur la collectivisation dans les villes espagnoles[2], et ils sont entrés en concurrence les uns avec les autres pour l'accès aux matières premières et aux marchés. Tout cela est arrivé même si les travailleurs étaient des anarcho-syndicalistes travaillant dans la même industrie, sous le même drapeau noir et rouge, et qu'ils adhéraient au même syndicat. Résultat : le syndicat a dû réglementer les industries pour empêcher ces pratiques de capitalisme collectif. L'ironie, c'est que la bureaucratie du syndicat a pris le contrôle des usines et a dû diminuer le contrôle exercé par les travailleurs afin de maintenir une sorte d'approche coopérative.

Si on permet aux usines de formuler les politiques qui guident leur comportement sans égard à la communauté dans son ensemble, alors de telles usines pourraient bien suivre des chemins qui non seulement divergent de ceux que suit le reste de la communauté, mais entrent en conflit avec ceux-ci.

On peut espérer que la plupart des métiers seront un jour automatisés, surtout les tâches les plus dures et les plus routinières. Et, soit dit en passant, ce n'est pas là une idée complètement utopique. Un jour, je crois que tant de travail sera effectué par des machines que la question du contrôle par les travailleurs n'aura plus d'importance et que ce problème deviendra insignifiant. Sur ce point, je suis en opposition absolue avec les soi-disant primitivistes, comme la mafia du magazine *Fifth Estate*, qui rejettent tout développement de la technologie, à n'importe quelle condition.

▶ *Quel est le rapport du mouvement municipaliste libertaire à l'action directe ?*

Le municipalisme libertaire est la forme la plus évoluée de l'action directe. C'est l'autogestion directe — en fait, face à face —

---

2. Gaston Leval, *Espagne libertaire (1936-1939), l'œuvre constructive de la Révolution*, Paris, Éditions du Cercle, 1971.

de la communauté. Les gens agissent directement sur la société et modèlent leur propre destinée. Il n'existe pas de forme plus élevée d'action directe que l'autodétermination.

Cela dit, j'affirme catégoriquement que la participation à l'action directe fait partie de toute éducation politique radicale, qu'il s'agisse, par exemple, de bloquer un projet immobilier ou une entreprise abusive et économiquement agressive ; il faut s'engager dans des actions sociales et politiques sur toutes les questions du jour. Cela peut vouloir dire des occupations ; n'oublions pas que le mouvement ouvrier américain s'est construit pendant les années 1930 par des occupations d'usines par les ouvriers. La grève est bien sûr une forme d'action directe, mais l'occupation aussi ; en fait, c'est une forme d'action directe encore plus radicale parce qu'elle viole les lois qui protègent la propriété de la bourgeoisie.

Dans quelle mesure ces actions peuvent-elles conduire à la violence ? Je l'ignore. Mais je ne crois pas non plus que la bourgeoisie va abdiquer volontairement son statut, encore moins sa mainmise sur la société !

▶ *Le mouvement municipaliste libertaire aura-t-il des chefs ?*

Il y aura toujours des chefs, chaque fois qu'une lutte sera engagée. La présence de leaders conduit-elle nécessairement à une hiérarchie ? Absolument pas ! Le mot *leader* ne devrait pas nous faire peur au point de nous empêcher de reconnaître que certains individus ont plus d'expérience, de maturité, de force de caractère, etc., que d'autres. Ces distinctions sont indéniables, elles sont très vraies. Les ignorer et dire que tous sont au même niveau de savoir, d'expérience et de perspicacité, c'est un mythe grotesque que démentent toutes les réalités de la vie quotidienne. Et non seulement les réalités de la vie quotidienne, mais aussi la réalité biologique. Les gens qui ont vécu plus longtemps en savent souvent davantage que ceux qui sont très jeunes. Un enfant de 12 ans, aussi précoce soit-il, ne peut pas avoir la sagesse de quelqu'un qui a vécu trois fois plus longtemps et qui a une riche expérience. La biologie fait qu'il est impossible pour un enfant d'avoir les connaissances d'un adolescent ; pour l'adolescent, celles d'un adulte, et ainsi de suite.

Cela ne signifie pas que ceux qui ont plus de savoir utiliseront ce savoir pour dominer les autres. Un chef est autant un éducateur que n'importe quelle personne qui en oriente une autre. En fait, nous avons un besoin criant de gens pour nous éduquer. J'ai énormément de difficultés avec les anarchistes qui rejettent complètement toute direction. Il n'y a pas de tyrannie plus subtile que la « tyrannie de l'absence de structures », qui peut aussi comprendre la tyrannie d'une fausse interprétation de l'égalité voulant que nous ayons tous les mêmes connaissances. Il y a une grande différence entre dire que nous savons tous la même chose et dire que nous sommes tous capables, potentiellement, d'apprendre et de partager la connaissance sur une base égale.

Cela soulève la question de Hegel, dans ses premiers écrits théologiques, sur la différence entre Socrate et Jésus. Socrate était incontestablement un leader, mais un leader qui essayait d'éliminer la différence, au moyen de l'éducation et du dialogue, entre ce qu'il savait et ce que savaient les jeunes Athéniens autour de lui, tâchant de la sorte de créer un même niveau de discours. Plusieurs de ses dialogues consistaient à éliminer cette différence. Jésus, quant à lui, était un leader au sens autoritaire du mot. Il faisait des déclarations que personne en sa présence ne pouvait contredire sans craindre son courroux. C'est très différent d'essayer d'imposer l'obéissance aux Dix Commandements parce que Dieu nous l'a supposément ordonné, et de les explorer pour en extraire ce qui est valide et ce qui ne l'est pas, de fournir des raisons naturelles plutôt que surnaturelles d'obéir à une idée quelle qu'elle soit. Il y a des parties du Décalogue qui sont très rétrogrades, comme le commandement de l'obéissance à un dieu jaloux qui ne tolère aucun autre dieu et, par extension, aucune contradiction.

Quoi qu'il en soit, un ou une leader ne constitue pas une élite et ne le deviendra pas nécessairement. La direction en soi n'est pas nécessairement hiérarchique. Un leader peut être simplement quelqu'un qui en sait plus que les autres au sujet d'un type de situation particulier et dont le rôle sera de conseiller les gens sur ce qu'ils devraient faire pour l'aborder. Elle ou il ne domine pas les gens ni n'exige leur soumission. Dans une société rationnelle, bien sûr, les chefs n'auront aucunement le pouvoir de forcer les gens à faire ce qu'ils ne veulent pas faire. Leur seule source d'influence sera la persuasion. Et par-dessus tout, ils devront rendre des comptes au reste de la population, c'est-à-dire que leurs actions seront constamment sous examen minutieux.

Et je ne considère pas les organisations d'avant-garde comme nécessairement autoritaires. Il est ironique de constater que plus d'un journal anarchiste du passé a porté le titre de *L'Avant-garde*; et plus d'un ouvrage anarchiste a prôné la mise sur pied d'une avant-garde. Ces avant-gardes peuvent donner au mouvement une direction, une carte géographique indiquant comment se rendre d'un point à un autre, et aider à le mobiliser dans des actions systématiques pour changer la société.

Il est tragique que les mots *avant-garde* et *leader* aient été discrédités par la « nouvelle gauche » pendant les années 1960 à cause des expériences du stalinisme et du léninisme. Dans bien des révolutions, des leaders et des organisations décidés ont porté en avant le mouvement; et en l'absence de telles personnes décidées, des révolutions ont échoué. Pendant la Commune de Paris, Adolphe Thiers, qui dirigeait la contre-révolution contre les communards, retint prisonnier le révolutionnaire Auguste Blanqui. La Commune voulait le ravoir à tout prix et elle tenta de l'échanger contre ses propres otages, y compris l'archevêque de Paris. Thiers était assez perspicace pour savoir que rendre Blanqui aux communards équivalait à leur donner une division entière de combattants, parce que Blanqui insisterait pour marcher sur Versailles et anéantir la contre-révolution. On ne peut donc pas simplement effacer le rôle important que plusieurs individus et chefs d'organisations ont joué au cours de l'histoire, même s'il y a toujours le danger, dans une révolution qui réussit à progresser, qu'un chef se transforme en tyran et que l'organisation devienne une élite. Rien ne remplace, devant ce danger, l'intelligence et les contrepoids institutionnels qui empêchent les chefs et les organisations de devenir des tyrans et des élites; mais ce rôle ne peut certainement pas être rempli par une opposition de principe aux leaders et aux organisations.

▶ *Vous avez déjà fait une distinction entre les intellectuels et l'intelligentsia. Les intellectuels sont ceux qui règnent dans le monde universitaire alors que l'intelligentsia se compose des individus éduqués, préoccupés de théorie, qui font partie de la culture politique publique accompagnant une révolution. Voyez-vous un rôle pour une intelligentsia dans une lutte municipaliste libertaire ?*

L'intelligentsia est indispensable, et ici je diffère d'opinion avec tous ces intellectuels universitaires qui dénigrent l'importance de l'intelligentsia. Il est amusant de voir des professeurs bien installés dans le système universitaire dénoncer l'intelligentsia comme une élite. Je pense qu'il serait merveilleux que tous fassent partie de l'intelligentsia, au sein d'une vie intellectuelle publique vibrante, où les idées feraient partie du milieu quotidien ; en fait, où la philosophie, l'éthique et la politique ne seraient pas uniquement des sujets d'étude, mais des pratiques vécues.

Pour moi, peu importe les déclarations des divers théoriciens anarchistes, il est inconcevable que la sagesse accumulée d'un véritable membre de l'intelligentsia soit ignorée. J'ai fait une recherche approfondie sur les révolutions quand j'écrivais *The Third Revolution*, allant des guerres paysannes des années 1520 en Allemagne jusqu'à la révolution espagnole de 1936. Je les ai étudiées de si près que j'avais l'impression d'être transporté sur les lieux mêmes de ces révolutions. Cette recherche m'a profondément convaincu que ces révolutions n'auraient jamais pu réussir, ni même aller très loin, sans le savoir (et même la direction, dans les meilleurs cas) que l'intelligentsia ou les intellectuels populaires ont fourni. Qu'aurait été la Révolution française sans Jean Varlet, qui dépassait d'une toise les meilleurs des chefs jacobins ? Qu'aurait été la révolution américaine sans Thomas Paine ? Qu'auraient été les révolutions de 1848 à Paris sans un homme du calibre de Blanqui, qui les a inspirées ? Et la Commune de Paris sans Eugène Varlin ? La révolution russe sans Martov, qui a prévu les dangers d'une autocratie bolchevique ? Il est essentiel de retrouver cette tradition en déclin des penseurs qui vivent une vie publique vibrante et en même temps font partie d'un environnement social et politique révolutionnaire vivant.

▶ *Quand un mouvement municipaliste libertaire présentera des candidats à une élection municipale, il lui faudra un programme électoral. Que devrait-on retrouver dans ce programme ? Si nous ne mentionnons que nos buts immédiats, nous semblerons n'être qu'un parti réformiste. Mais si on n'y retrouve que nos buts éloignés, comme l'abolition du capitalisme… eh bien, un grand nombre de personnes ne sont pas prêtes à entendre parler de cela. Devrions-nous attendre que les simples citoyens soient instruits de ces idées avant de nous lancer dans une campagne municipale électorale? Ou bien devrions-nous utiliser la campagne pour éduquer les gens? Quel équilibre devons-nous établir entre les buts immédiats et éloignés?*

Dans un programme, les buts immédiats servent à attirer les gens pour qu'ils en viennent plus tard à soutenir les buts éloignés. Des gens pourraient bien voter pour un candidat municipaliste libertaire parce qu'ils sont d'accord avec les buts immédiats du programme; et, au début, il est possible qu'ils soient d'accord ou non avec les buts éloignés. Je suis certain qu'après la Seconde Guerre mondiale des millions de Britanniques qui craignaient le socialisme ont quand même voté pour les travaillistes, même si ces derniers déclaraient ouvertement leur engagement envers une forme de socialisme dans l'avenir. De nombreuses questions très pragmatiques incitaient les gens à voter travailliste, et ils avaient aussi une vague aspiration à voir surgir de la guerre « un monde meilleur », désigné par le mot *socialisme*. D'où l'énorme victoire du Parti travailliste vers la fin de la guerre et après.

Un mouvement municipaliste libertaire devra, bien sûr, se battre pour réparer des injustices précises, et cela doit faire partie de son programme, en même temps qu'il lutte pour des buts plus vastes de liberté et de démocratie directe. Mais si nous ne faisons que combattre les injustices, sans offrir un idéal de liberté, nous ne nous attaquerons pas à la racine des injustices que nous voulons corriger. Un des anarchistes que je connais disait récemment qu'il conserve toujours sa « vision » d'une société anarchiste, mais qu'elle se situe loin dans l'avenir. En ce moment, il travaille à des objectifs plus immédiats qui concernent le redressement d'injustices, notamment le renforcement de l'État, rien de moins!

Mais la lutte contre les injustices ne peut pas être séparée de la lutte pour la liberté. Si elle l'est, nous demeurerons toujours accablés par le même ordre social, légèrement ou peut-être beaucoup plus juste, mais toujours l'ordre social qui infligera inéluctablement des dommages croissants à la société et à la nature. Un lien vivant doit exister entre notre vision et nos buts, de sorte que notre vision s'introduise dans nos buts et leur donne un caractère d'urgence. Autrement, si nos buts et notre vision divergent, nous fonctionnons comme des gardiens du capitalisme qui lui donnent un visage humain plutôt que comme des révolutionnaires essayant de renverser les causes à la base de toutes ces injustices, de même que les restrictions à la liberté et à l'épanouissement de tous les êtres humains.

Alors, un programme municipaliste libertaire n'aura jamais de revendications immédiates sans en même temps avoir des revendications éloignées. Dans la gauche des années 1930 et 1940, nous avions l'habitude de les appeler les « programmes minimal et maximal ». Mais le rapport du programme minimal au programme maximal peut le mieux être élucidé dans un programme de transition, terme inventé, si je ne m'abuse, par Trotski. Un programme de transition doit servir à faire le lien entre les petites mesures qui peuvent être prises immédiatement et les buts ultimes, comme le communisme ou le socialisme.

Pour un mouvement municipaliste libertaire, le programme de transition peut lier une exigence précise, comme de mettre un terme à la croissance, avec le but maximal éloigné qui est de remplacer le capitalisme par une économie morale. Et il lierait certainement l'exigence simple et immédiate d'une meilleure administration locale avec le but ultime du mouvement, qui est la démocratie directe, en réclamant que la charte de la ville soit modifiée pour permettre des assemblées publiques, et ensuite que ces assemblées publiques soient investies de pouvoirs plus étendus.

Pendant que le mouvement municipaliste libertaire se met en branle, on peut fort bien utiliser l'action directe pour proposer ces exigences et attirer sur elles l'attention de la population. Mais le mouvement réclamerait de façon prioritaire l'établissement des assemblées publiques et la mise en place de centres civiques où ces assemblées puissent être tenues. Supposons que ces assemblées sont formées de manière informelle et qu'elles deviennent des forums de discussion entre voisins. Il est possible qu'au début elles n'existent que dans certains quartiers de la ville, mais ces quartiers peuvent très bien servir d'exemples à d'autres parties de la ville qui ne sont pas encore entrées dans le mouvement politique. Bientôt, les gens vont se rendre compte qu'il se passe quelque chose dans leur propre ville et ils pourraient commencer à en faire autant.

De plus en plus, les assemblées adopteraient des résolutions concernant diverses réclamations, n'importe quoi allant d'un plus grand contrôle des services municipaux à davantage de postes de pompiers et des écoles meilleures et plus nombreuses. Le mouvement commencerait à faire campagne avec ces résolutions, en les présentant comme des réclamations populaires. Ce sont les citoyens qui parlent, en fait. Mais ce qui est le plus important, c'est que le mouvement réclame la modification de la charte municipale pour que l'assemblée des citoyens obtienne toujours plus de pouvoir législatif, si ce n'en est la totalité.

Dans toutes les communautés, ceux qui s'engagent dans le mouvement municipaliste libertaire seront sans doute une petite minorité au sein de l'assemblée publique qu'ils auront eux-mêmes inspirée. D'autres citoyens dans l'assemblée seront probablement encore assez prudents et conservateurs. C'est la tâche des municipalistes libertaires de débattre avec ces citoyens des différentes questions dans l'assemblée, pour répondre à leurs objections et pour expliquer les forces sociales et politiques plus larges à l'œuvre dans la société. Supposons que des agents immobiliers se présentent à une assemblée pour vendre à la communauté un projet d'habitations ou une tour de bureaux. Ou bien qu'un manufacturier promette de créer des emplois si la communauté lui permet d'y construire une usine. Les municipalistes libertaires doivent tenter de les arrêter en exposant en détail à leurs concitoyens les dangers de ces propositions ; dans la foulée, ils les éduqueront.

Bien des gens, je dois le dire, éprouvent beaucoup de difficulté à concevoir le municipalisme libertaire comme un processus. Mais je maintiens que c'est exactement de cela qu'il s'agit. Les municipalistes libertaires commencent par réclamer la justice sur des questions particulières de la vie quotidienne, des revendications qui lancent un défi à divers intérêts capitalistes comme l'immobilier, la construction, le commerce de détail, etc. Le mouvement grandit et grandit, en même temps qu'il réclame à l'État fédéré ou à l'État-nation, par les assemblées populaires, de plus en plus de pouvoir. C'est un processus dynamique qui suppose un accroissement constant des institutions potentielle- ment démocratiques — ce que, soit dit en passant, aucune bourgeoisie n'a jamais voulu donner au peuple —, qui exige une charte là où il n'en existe pas ou une révision de la charte là où elle existe. Ces questions concernent le pouvoir à la base et peuvent toutes engendrer une confrontation. Le mouvement municipaliste libertaire joue un rôle majeur dans ce processus. Sans mouvement, je doute que l'évolution que j'ai décrite puisse se poursuivre jusqu'à sa conclusion logique.

Ensuite, si ces changements se sont produits dans toute une région, des confédérations peuvent commencer à se former. Durant tout ce processus, le mouvement s'établit comme pouvoir parallèle. Les transitions peuvent signifier des confrontations de multiples sortes tout au long de la route, incluant l'action directe, et toutes élargiront la démocratie au sein de la république tout en radicalisant la démocratie. Finalement, nous nous trouverons dans une situation révolutionnaire où un défi direct peut être lancé à l'État.

Parce qu'à la fin l'expansion et la croissance de cette culture politique, allant chercher l'appui d'un nombre toujours plus grand de personnes, devra culminer en sa « vision » finale, si le mouvement poursuit ses exigences maximales dialectiquement. Celui-ci affrontera directement le pouvoir de l'État. Il ne pourra jamais « s'approcher à pas de loup » du capitalisme, ni subvertir l'État par le bas, ni opérer une transition graduelle. Il lui faudra affronter le capitalisme et l'État à chaque pas en avant et les repousser aussi loin que possible jusqu'à ce que la confrontation atteigne des proportions révolutionnaires. À compter de ce moment, les circonstances elles-mêmes décideront quelles appro- ches, quelles mesures ou (pour employer un mot que je n'aime pas) quelles tactiques le mouvement devra adopter.

Je ne décris pas un processus facile. Mais s'il est utopique de lutter pour la municipalisation de l'économie et la formation de municipalités libertaires confédérées, quelle autre solution avons- nous aujourd'hui ? Construire un parti politique qui, si l'on en juge par l'histoire des verts allemands, des travaillistes britanni- ques et des tiers partis américains, est voué à dégénérer en une composante de l'appareil d'État ou à disparaître tout simplement ? Quelle solution de rechange existe-t-il au municipalisme libertaire ? Sans lui, comment pourrions-nous poursuivre l'exigence de la « Commune des communes » — le mot d'ordre traditionnel des socialistes, des anarchistes et des communistes — à partir de notre vie politique actuelle ? En retournant à nos expériences privées, en pratiquant la méditation taoïste ou en participant à des séances d'éveil des sens ou à des rencontres de groupe, comme le désirent tant d'adeptes du style de vie anarchiste ?

Quelle autre solution avons-nous ? Travailler avec le mythe qu'on peut gruger l'économie capitaliste en mettant sur pied des coopératives ? Pendant les années 1840 et 1850, Proudhon avait quelque raison de croire que cela serait possible, surtout en France, avant que le capitalisme ne soit très avancé, quand chaque épicerie était encore une affaire de famille et non pas une chaîne de supermarchés, quand l'industrie et le commerce de détail étaient encore petits. Mais pas aujourd'hui. Allons-nous réclamer la nationalisation de l'économie ? Si nous le faisons, nous finirons par ajouter le pouvoir économique au pouvoir de l'État. Ou peut-être devrions-nous réclamer la socialisation du marché — un oxymoron s'il en est, selon moi : comme si le marché n'engendrait pas ses propres forces internes qui mènent à la concentration du capital.

Les choix sont la propriété privée, la nationalisation de la propriété ou la municipalisation de la propriété. Je laisse à toute personne dotée de sensibilité révolutionnaire le soin de prendre sa propre décision.

La nouvelle société

▶ *Une fois que nous aurons une société municipaliste libertaire, si la vertu civique et les institutions de la démocratie directe ne réussissent pas à empêcher tous les membres de la communauté de poursuivre leurs intérêts particuliers, que faire ? Il pourrait suffire de quelques personnes qui tentent de s'enrichir pour gâcher la nature communiste de la société. Faudra-t-il instituer une forme de restriction pour appliquer les normes de la société ? Y aura-t-il des lois dans une société municipaliste libertaire ? Ou une constitution ?*

Avant de répondre à votre question, il serait bon de faire un peu d'histoire. Aux temps préhistoriques, pendant une période dont la durée nous est inconnue, la société humaine était structurée autour de groupes familiaux — les tribus et les clans — au sein desquels les relations de consanguinité déterminaient les droits et les devoirs des individus entre eux. Toute personne n'appartenant pas à la tribu était perçue comme étrangère ou, pour reprendre le terme fort approprié de Marx, comme inorganique, et donc susceptible d'être soumise par la tribu à un traitement arbitraire.

Cela comporte de nombreuses conséquences pour la conception de la justice. Supposons que quelqu'un commette un crime : un homme d'une tribu tue un homme d'une autre tribu. La seule façon dont le crime puisse être expié et le criminel puni, c'est que la famille de la victime décide d'une vengeance sanglante. Bien sûr, après un certain temps, la quantité de sang versé nécessaire pour qu'un abus soit compensé a diminué, ou un châtiment autre que la mort a été imposé, par exemple l'obligation de donner une certaine quantité de bétail. Le barème des compensations a été parfois très détaillé. Mais ce système de justice reposait toujours sur la vengeance : la victime ou la famille de la victime se venge de l'auteur du crime.

C'est un des plus grands pas en avant de l'humanité que le passage de ce système de justice fondé sur la biologie, c'est-à-dire sur les liens du sang et la vengeance, à un système de justice plus rationnel, même s'il n'est pas encore totalement rationnel. Les *Euménides* d'Eschyle montrent les Athéniens à ce point précis de leur histoire : la vengeance remplacée par une justice raisonnée. Oreste, qui a tué sa mère, est finalement jugé non pas par la famille dont il a tué un membre, mais par un jury qui applique des critères rationnels et ouverts. Et il est acquitté sur la base de principes universels de justice fondés sur la raison au lieu d'être puni sur la base de la vengeance du sang. À ce moment, la raison commence à évincer la coutume, et la société, à évincer la biologie.

Bien sûr, toute institution conditionnée par la biologie est aussi une institution sociale. Les êtres humains ne sont plus désormais de simples animaux. Pourtant, il est difficile de séparer ce qui est social de ce qui est biologique si tôt dans l'histoire. Mais avec le temps, la biologie a cédé le pas, à divers degrés, à la rationalité et à la « socialité ». L'émergence du *nomos*, comme l'appelaient les Grecs — la norme de justice raisonnée qui définit les droits et les devoirs —, marque un des pas les plus importants de l'humanité pour sortir de l'état d'animal. Ce n'est pas le point culminant, mais c'est une étape fondamentale.

Je ne prétends pas du tout que toute loi est rationnelle du simple fait qu'elle est loi; je prétends plutôt que le concept même du *nomos* est rationnel. La loi comme substitut à la vengeance est une étape rationnelle, même si bien des lois particulières sont irrationnelles. D'anciennes constitutions comme le Code d'Hammourabi acceptent l'esclavage, la domination des femmes par les hommes, et un grand nombre d'abus qui seraient inacceptables de nos jours et certainement inconcevables dans une société rationnelle. Mais le Code d'Hammourabi marque un écart par rapport à l'obéissance aveugle à la coutume, ouvre un champ d'analyse du comportement bon ou mauvais. Et dans le cas de la démocratie athénienne, on abandonne encore davantage la coutume pour la remplacer par une analyse raisonnée des droits et des devoirs, du bien et du mal, de l'acte préjudiciable ou bénéfique.

Par définition, une société rationnelle ne peut pas faire moins. Dans une société municipaliste libertaire, il serait nécessaire d'expliciter complètement, sur une base rationnelle, les droits et les devoirs des gens, les lois ou *nomoi* de la société et les modes d'autogestion. Et ces *nomoi* dériveraient d'une constitution rationnelle que la population rédigerait pour elle-même. La société serait constituée rationnellement, en ce sens que la population se créerait littéralement un cadre de base, guidé par toutes les considérations morales que la raison et l'expérience peuvent fournir.

Ainsi donc, oui, il serait nécessaire d'avoir une constitution et des *nomoi* qui soient aussi démocratiques, aussi rationnels, aussi flexibles et aussi créateurs que possible. Rejeter une telle constitution et les *nomoi* sur lesquels elle s'appuie serait retomber encore une fois dans les jugements arbitraires fondés sur la croyance mystique en une nature humaine invariable et magiquement bienveillante. Cette conception est complètement absurde. Elle repose sur la croyance que les gens agiront toujours avec bienveillance envers les autres et envers la communauté, qu'ils sont bons par essence et qu'ils ont été « corrompus » par la civilisation.

Toute notion d'une nature humaine fixe, même bienveillante, comme le mythe du « bon sauvage », est un non-sens sociobiologique. Cela rend le comportement humain totalement inflexible et nie l'un de ses aspects les plus importants, soit sa créativité, caractéristique de l'humanité qui la distingue de l'adaptabilité typique des animaux.

Ainsi, dans la société municipaliste libertaire que j'identifie à la société rationnelle et au communisme libertaire, il serait essentiel d'avoir une constitution raisonnée associée à des *nomoi* raisonnés qui empêcheraient l'autoritarisme et les autres aspects indésirables de la société actuelle, comme la propriété privée et l'État. La constitution devrait en même temps offrir une forme positive de loi, fournissant des directives morales raisonnées suffisamment flexibles pour permettre de s'adapter aux situations changeantes.

▶ *Comment appliquer ces idées dans le contexte du développement d'un mouvement municipaliste libertaire?*

Je suggérerais que ce mouvement lui-même ait une constitution. À cet égard, je diverge de l'opinion libertaire qui veut le moins possible de restrictions. Comme je l'ai déjà dit, là où il y a un minimum de structures, là se retrouve un maximum d'arbitraire. Les gens sérieux et engagés recherchent toujours l'organisation; la question est de savoir quelle sorte d'organisation. La débauche étourdissante que l'on voit de nos jours chez les anarchistes de la vie privée finit invariablement en queue de poisson ou en manipulation autoritaire, comme je l'ai vu dans l'alliance antinucléaire Clamshell pendant les années 1970.

Donc, le mouvement aura une constitution avec un préambule qui déclare ses buts les plus larges et son caractère. Puis, on spécifiera aussi clairement que possible (sans être pour autant inflexible) comment le mouvement doit fonctionner et, quand une explication est nécessaire, pourquoi il doit fonctionner ainsi. La constitution spécifiera la règle de la majorité pour la prise de décision, ce qui selon moi est indispensable. De plus, elle énoncera clairement comment seront élus les délégués et comment ils seront destitués si nécessaire, et elle dira en quoi leurs pouvoirs diffèrent de ceux de représentants du genre parlementaire. Elle pourra inclure une explication de la démocratie et de la confédération municipales.

Une fois le mouvement établi sur la base d'une constitution raisonnée, guidée par des *nomoi* raisonnés, comment pourra-t-il créer des assemblées de citoyens? Ici, à Burlington, à la fin des années 1970 et au début des années 1980, les groupes d'anarchistes avec qui j'ai travaillé préconisaient des assemblées de citoyens dans chacun des six districts électoraux de la ville. Nous avons continué à les réclamer après qu'un progressiste appartenant à un tiers parti a été élu maire en 1981. Ce maire, Bernard Sanders, ne semblait pas comprendre de quoi nous parlions, mais il était prêt à appuyer l'idée parce qu'elle lui semblait bonne. Son administration progressiste a accepté de créer dans chaque district une assemblée de planification de quartier (APQ). Il ne s'agissait pas d'authentiques assemblées de citoyens; c'étaient des « assemblées de planification » qui étaient responsables du décaissement des fonds pour le développement communautaire. Leur rôle politique était strictement consultatif. Mais au Vermont, l'autorité morale des citoyens réunis en assemblée était souvent irrésistible et, pendant quelque temps (jusqu'à ce que nos anarchistes locaux se retranchent dans la vie privée), ils ont exercé une influence considérable.

▶ *Au Vermont, le système de gouvernement local et le système politique qui l'accompagne sont beaucoup plus ouverts et accessibles que dans d'autres parties des États-Unis, sans parler du reste du monde. Ici, c'est assez facile de faire inscrire son nom comme candidat sur la liste électorale et les lois ne sont pas très restrictives, de sorte qu'il pourrait être plus facile qu'ailleurs d'y lancer un mouvement municipaliste libertaire. En Californie, il est beaucoup plus difficile pour de nouveaux groupements politiques d'apparaître sur le bulletin de vote. En France et même au Canada, les villes et les cités sont davantage les créatures de l'État et elles sont beaucoup plus soumises à son contrôle direct. Certainement, dans la plupart des endroits, il serait illégal pour les assemblées de citoyens de légiférer, en quelque sorte, c'est-à-dire de déterminer les politiques de la localité. Que peut faire un mouvement municipaliste libertaire dans de telles circonstances?*

Oui, la mise en place des APQ à Burlington fut le résultat de la rencontre simultanée des mouvements de la base et d'une administration municipale assez ouverte. Je peux prévoir des situations où une telle simultanéité n'aurait pas lieu, où l'hôtel de ville serait férocement opposé à la formation d'assemblées quasi légales de citoyens, et encore plus à des assemblées dotées de pouvoirs légaux qui l'emporteraient sur ceux du conseil municipal. Ou bien, des situations où la charte municipale ne peut pas encore être modifiée pour accorder davantage de pouvoir aux assemblées de citoyens. Dans ces cas, il est parfaitement judicieux pour le mouvement de commencer par établir des assemblées de citoyens qui n'ont qu'une autorité morale; et en réalité, c'est le seul pouvoir dont disposaient les assemblées de Burlington de toute façon.

Le mouvement municipaliste libertaire initierait des assemblées de citoyens sans nécessairement obtenir l'assentiment du conseil municipal, mais avec le soutien de suffisamment de citoyens du quartier, ou du district, ou du village. Ou bien, si les assemblées existent déjà, le mouvement peut demander leur reconnaissance comme corps légaux ayant le pouvoir d'adopter des règlements et des lois — autrement dit, des *nomoi*. En même temps, inutile de le dire, le mouvement présenterait aux élections municipales des candidats qui réclameraient sans relâche la formation de ces assemblées et le renforcement de leurs pouvoirs.

Dans le passé, quand les institutions étaient autoritaires, on a souvent vu émerger des institutions morales. Au Moyen Âge, plusieurs villes, sans avoir aucun droit légal de le faire, ont formé des assemblées et créé des institutions en opposition aux seigneurs et aux évêques féodaux qui étaient littéralement les propriétaires de la ville. Le mouvement des athénées qui se développa en Espagne sous Franco peut aussi servir d'exemple : il pourrait fort bien avoir contribué à amoindrir le pouvoir de l'État franquiste vers la fin de la vie de Franco.

De toute façon, une fois qu'un mouvement municipaliste libertaire a initié des assemblées extralégales, il est essentiel qu'elles soient institutionnalisées, quand ce ne serait que sur papier. Ce que le mouvement ne doit pas faire, c'est de tenir des réunions *ad hoc* simplement pour discuter d'une question précise, puis laisser disparaître l'assemblée quand la question n'intéresse plus la population. Ce que je veux dire, c'est que si un mouvement municipaliste libertaire initie les assemblées, il ne suffit pas de tenir une réunion, comme dans les *town meetings* (comme on les appelle à tort) de la ville de New York, pour discuter d'une question particulière ou pour la porter à l'attention du public, puis de laisser tomber dans l'oubli l'existence même de l'assemblée.

Il faut plutôt que l'assemblée soit institutionnalisée (ceci est fondamental) et qu'elle ait une structure distincte. Elle doit se réunir régulièrement, une fois par mois ou toutes les quelques semaines, ou une fois par trimestre. Elle doit avoir un nom. Elle doit avoir un modérateur ou un animateur et, à tout le moins, un comité de coordination. Il lui faut un système de communication; si possible, elle devrait publier un périodique. Pendant ses réunions, elle doit avoir un ordre du jour, soigneusement préparé avec la participation des membres de la communauté. S'il y a assez de gens, l'assemblée peut élire diverses commissions pour étudier des questions précises et faire des recommandations.

Si elle n'est pas clairement institutionnalisée, l'assemblée deviendra, pour employer ironiquement l'expression sémiotique, un « symbole flottant », un faux-semblant de ce qui pourrait être. En l'absence de définition et d'institutionnalisation, elle ne serait qu'un forum et ne serait pas prise au sérieux. Et, selon moi, elle ne serait pas conforme au programme social et politique du municipalisme libertaire. Le municipalisme libertaire cherche à exacerber la tension entre les municipalités et l'État, à devenir un pouvoir parallèle d'opposition qui, dans les circonstances propices, abolira l'État en faveur d'un système confédéral d'administration sociale.

Il est très possible que l'assemblée devienne l'expression authentique d'une opinion si vigoureuse qu'elle reflète la communauté et réinvente sa culture politique ou, du moins, la modifie de manière significative. Les assemblées peuvent se multiplier, forçant finalement les conseils municipaux à leur donner un pouvoir légal.

Tout ceci est un processus qui exigera une longue lutte. Le municipalisme libertaire n'est pas seulement une stratégie ou un ensemble de tactiques, même si j'ai parfois été obligé d'avoir recours à ces termes parce que nous n'avons pas encore inventé un vocabulaire qui exprime les caractéristiques d'une société rationnelle. Ce n'est pas non plus une société qui peut naître simplement en appuyant sur un bouton. C'est une idée riche qui découle de l'histoire elle-même. Et la réaliser exigera du dévouement. Cela demandera de l'engagement, de l'idéalisme et de la rationalité.

Je puis au moins dire ceci: je suis complètement d'accord avec Marx quand il dit que le capitalisme est un système qui doit nécessairement détruire la société à cause de son principe directeur de la production pour la production, de la croissance pour la croissance. Le municipalisme libertaire ne doit pas être compromis par des idées réformistes et de moindre mal, comme bâtir un tiers parti ou s'engager dans la « politique indépendante » dans le cadre de l'État-nation. Chaque compromis, surtout une politique du moindre mal, conduit invariablement à des maux plus grands. C'est par une série de moindres maux offerts aux Allemands sous la république de Weimar qu'Hitler a accédé au pouvoir. Hindenburg, le dernier de ces moindres maux, qui fut élu président en 1932, a nommé Hitler chancelier en 1933, donnant le fascisme à l'Allemagne, pendant que les sociaux-démocrates continuaient à voter pour un moindre mal après l'autre jusqu'à ce qu'ils obtiennent le pire de tous les maux.

On n'a qu'à regarder la vie politique actuelle pour trouver d'autres exemples. Aux États-Unis, un président Bush ou Dole aurait eu beaucoup plus de difficulté à démanteler le système de sécurité sociale que n'en a eu le « moindre mal » Bill Clinton. Toute l'opposition qui aurait pu se soulever contre cet acte vicieux, pour protester contre lui, a été politiquement refoulée par Clinton, que les libéraux considéraient depuis longtemps comme le moindre mal par rapport à un président républicain. Ainsi, le « moindre-malisme » est clairement devenu une formule de capitulation.

Je ne sais si une structure sociale comme celle que j'ai tenté de décrire verra jamais le jour. Peut-être pas. Je prépare en ce moment un essai sur l'éthique qui débute ainsi: « L'humanité est trop intelligente pour ne pas vivre dans une société rationnelle. Reste à savoir si son intelligence est suffisante pour en réaliser une. » Je ne puis compter que sur l'émergence, tôt ou tard, d'un nombre suffisant de gens dotés du caractère, de la perspicacité et de l'idéalisme qui ont longtemps caractérisé la gauche pour réaliser cette approche. Mais si un tel mouvement ne prend pas forme, la seule chose dont je puisse être sûr est celle-ci : le capitalisme ne produira pas seulement des injustices économiques ; étant donné sa loi d'accumulation, son impératif de « la croissance ou la mort » qui découle de la concurrence sur le marché lui-même, il détruira certainement la vie sociale. Il ne peut pas y avoir de compromis avec cet ordre social.

Burlington (Vermont), le 12 novembre 1996

Le programme électoral des verts de Burlington

Les Burlington Greens du Vermont ont utilisé ce document comme programme électoral en mars 1989, quand ils ont présenté deux candidats au conseil municipal et un à la mairie, lors d'une campagne municipaliste libertaire. De plus, ils ont publié plusieurs documents sur des questions précises et leur premier rapport détaillé sur l'environnement à Burlington. Ce programme sert ici d'exemple de programme de transition.

Qui sont les verts de Burlington ?

Nous voulons créer une nouvelle politique pour Burlington, une politique qui soit fondée sur l'écologie, le contrôle de la croissance, une économie morale, la justice sociale et une véritable démocratie de la base.

Nous voulons créer un nouveau mouvement à Burlington, un mouvement qui ne soit pas seulement un autre parti pour élire des politiciens, mais qui engage les simples citoyens sur une base quotidienne dans le processus politique au sein de la communauté et des organisations de quartier. Nous espérons développer un mouvement réellement populaire pour aborder les causes de nos problèmes sociaux et écologiques, pas seulement pour s'occuper de leurs symptômes.

I. L'écologie et la croissance

Le problème : La crise écologique est le plus grand problème de notre époque. Comme les médias populaires l'ont souligné, la Terre elle-même est maintenant en danger. La planète est littéralement en train de mourir. La crise écologique soulève des problèmes aigus que nous ne pouvons ignorer plus longtemps ; et il ne suffit pas de beaux discours. Il y a des aspects locaux très précis de la crise écologique qui doivent être abordés au moyen d'actions engagées sur le plan local. Parmi ceux-ci, la « croissance » est maintenant la plus urgente.

Burlington croît irrésistiblement, sans égard aux besoins de la population et sans respect pour l'équilibre nécessaire entre nous et notre environnement naturel. Nous sommes aux prises avec une pollution de plus en plus grande, des projets de construction disgracieux, des embouteillages et la destruction de nos marécages et de l'écologie unique du lac Champlain. Nous devons affronter la perspective d'autoroutes encore plus nombreuses et plus larges, de la perte totale des espaces ouverts dans notre ville et des problèmes grandissants d'élimination des déchets. Dans le comté de Chittendon, le taux de mortalité due au cancer est plus élevé que dans tout le reste du Vermont. Les différents stress de la mégapole envahissent tous les aspects de nos vies.

La solution : Les verts de Burlington veulent un moratoire sur la croissance. Il est essentiel que les citoyens aient le temps de discuter, dans des assemblées publiques, le problème qui se pose à Burlington et de décider démocratiquement comment notre communauté peut se développer selon des normes écologiques, humanistes et rationnelles.

Nous voulons l'élection d'une commission environnementale et la création d'un conseil consultatif des citoyens sur l'environnement, composé de représentants des organisations environnementales, de spécialistes sans lien aucun avec le commerce et l'industrie, de citoyens engagés, de planificateurs urbains et d'architectes. Ce conseil aidera la commission environnementale à établir les directives écologiques pour la croissance future de Burlington et fournira aux citoyens un rapport annuel sur l'état de l'environnement dans notre ville et ses alentours.

Nous voulons que des efforts sérieux soient faits pour employer des sources d'énergie renouvelables comme l'énergie solaire, éolienne et à base de méthane. Le recyclage et la réduction des déchets devraient être une priorité, tout comme la mise en place d'un programme régional pour le partage de nos ressources énergétiques avec les communautés voisines.

Nous croyons que l'avenir de Burlington doit être guidé par les besoins écologiques et humains, et non par des intérêts particuliers et des « promoteurs » qui s'enrichissent aux dépens de la communauté.

II. Une économie morale

Le problème : Nous vivons dans une économie concurrentielle du « croîs ou meurs » qui ne connaît aucune limite morale ou écologique. L'économie de marché, par sa nature même, ne répond pas aux besoins essentiels de nombreux citoyens, comme un logement décent et un revenu suffisant pour vivre. Une classe grandissante de gens démunis se heurte à des problèmes particuliers qui empirent constamment. Les relations concurrentielles égoïstes qui sont produites par l'économie de marché remplacent les relations morales et de coopération entre les gens.

La solution : Il faut aborder les problèmes de notre ville non seulement dans une perspective écologique, mais dans la perspective de l'écologie sociale. Nous ne devrions pas opposer les questions écologiques aux questions sociales ni échanger l'environnement naturel contre les bénéfices douteux de la croissance.

Les verts de Burlington croient qu'un logement décent, un revenu suffisant pour vivre et de bonnes conditions de travail sont des droits et non des privilèges. Nous croyons aussi que les gens ont un droit naturel à vivre dans un environnement sain. Nous croyons que des gestes pratiques peuvent être faits dans notre communauté pour commencer à exercer ces droits. Nous voulons :

- une banque municipale contrôlée par la communauté qui fournira les ressources financières et des prêts à intérêt minimal pour l'achat et la réparation de maisons et pour la mise sur pied de projets de construction écologique novateurs pour les groupes à faible revenu ;

- l'émission d'obligations et des changements dans la structure fiscale pour que tous les démunis et les personnes âgées aient accès aux logements dont ils ont besoin ;
- un réseau direct entre les fermiers et les consommateurs pour favoriser l'agriculture locale ;
- l'acquisition municipale des terres vacantes, qui feront partie d'une fiducie publique pour la récréation, le jardinage et les parcs ;
- des coopératives contrôlées par la municipalité pour développer et implanter des technologies douces et pour produire des biens de qualité en accord avec la tradition de qualité du Vermont.

Ce ne sont là que quelques tremplins vers ce qui, nous l'espérons, deviendra une économie contrôlée par la municipalité et gérée par ses citoyens dans leurs libres assemblées, guidée par des principes moraux autant qu'écologiques.

III. La démocratie de la base

Le problème : Les problèmes écologiques et sociaux qui se posent à Burlington et à sa région métropolitaine ne sont pas pris au sérieux parce que la population est dépossédée du peu de pouvoir qui lui reste par un hôtel de ville et une bureaucratie hautement centralisés. Sous couleur de direction « populaire », une nouvelle espèce de gestionnaires bureaucratiques nous fait passer de l'état de citoyens actifs à celui de contribuables passifs. Notre héritage de démocratie participative au Vermont est en train d'être détruit par des techniciens qui méprisent le gouvernement populaire.

La solution : Nous avons besoin d'une nouvelle politique dans notre ville, et pas seulement d'une nouvelle administration. Nous réclamons d'authentiques assemblées de quartier, dotées de pouvoirs décisionnels toujours plus étendus pour établir une politique sociale et écologique et pour aider à administrer notre ville. Nous croyons que toutes les principales commissions de la Ville devraient être élues par la population, leur mandat limité à un an et leur nombre accru pour compenser la centralisation du pouvoir aux mains du maire et de l'hôtel de ville. Nous demandons des révisions de la charte qui favorisent l'autogouvernement populaire conformément à la tradition du Vermont.

On devrait réserver une grande portion des assemblées du conseil municipal à la discussion publique par les citoyens de diverses questions, et des garderies gratuites devraient être disponibles pour tous les parents qui désirent y participer. Les citoyens devraient aussi avoir le droit de destituer les conseillers qui ne respectent pas leur mandat et leurs engagements envers les sections électorales de la ville.

Nous croyons que Burlington devrait vigoureusement et continuellement montrer la voie pour réaliser l'autogouvernement dans le Vermont, de sorte que les cités et les villes dirigent leurs affaires aussi librement que possible, sans l'interférence de l'État. Burlington devrait aussi être le chef de file pour établir à la grandeur du pays des confédérations démocratiques avec les communautés voisines visant à résoudre des problèmes régionaux comme ceux liés aux transports, à la croissance et à d'autres questions économiques et environnementales.

IV. La justice sociale

Le problème : Nous assistons à la montée d'une nouvelle sous-classe de gens démunis, surtout des femmes, qui subissent une pauvreté consternante au milieu d'une incroyable abondance. De larges groupes de personnes effectuent du travail à bon marché. Les personnes âgées sont négligées et placées sur une voie de garage, comme le sont les sans-abri et ceux qui sont incapables de se procurer un logement décent. Les homosexuels et les lesbiennes sont victimes de discrimination et sont souvent brimés à cause de leur orientation sexuelle. L'injustice sociale est devenue un élément majeur dans la vie quotidienne de notre communauté.

La solution : Nous croyons que Burlington devrait devenir « la ville où il fait bon vivre » pour tous ses citoyens. Nous voulons que Burlington verdisse ! Pour nous, le vert signifie l'écologie, et l'écologie signifie une communauté participative et harmonieuse entre les êtres humains et les autres formes de vie. Mais cela signifie aussi que nous devons vivre dans une communauté humaine participative et harmonieuse. Sans une communauté guidée par des principes écologiques et la justice sociale, nous assisterons à une effroyable détérioration de notre environnement et à la destruction toujours plus grande de tout ce qui fait de Burlington un endroit où il fait bon vivre, pour nous-mêmes et pour nos enfants.

Nous croyons qu'il faut mettre un terme à la féminisation de la pauvreté par une action coopérative décisive. Les femmes doivent recevoir pour leur travail un salaire décent et équitable. Les garderies gratuites devraient être offertes à tout parent qui le désire. La communauté doit aborder les problèmes des sans-abri de manière créative, avec l'intention de leur donner le contrôle de leur logement. Les services aux personnes âgées doivent être étendus. Il faut mettre un terme à la gentrification. Les quartiers plus vieux doivent être rénovés dans l'intérêt des citoyens qui y vivent aujourd'hui, pas dans l'intérêt des privilégiés qui espèrent les envahir demain.

Les verts de Burlington ne croient pas que ces objectifs écologiques et humains — et bien d'autres encore que nous espérons présenter à la population dans nos documents futurs — soient irréalistes. Certains peuvent être réalisés immédiatement; d'autres demanderont sans doute plus de temps. Mais nous croyons que ce sont là des objectifs minimaux auxquels devraient tendre tous les citoyens qui se préoccupent de questions sociales et de démocratie. Nous croyons que ces objectifs ne peuvent être atteints qu'à travers un mouvement antiautoritaire et populaire, un mouvement qui veut créer la démocratie de la base. Nous voulons changer toute l'image actuelle du progrès comme croissance aveugle et la remplacer par une conception écologique du progrès qui, au bout du compte, fera naître une nouvelle harmonie dans la population et entre l'humanité et la nature.

Aidez-nous à créer une nouvelle politique et un nouveau mouvement!

Bibliographie

Œuvres de Murray Bookchin sur le municipalisme libertaire

Une société à refaire. Montréal, Écosociété, coll. « Retrouvailles », 2010.

« The Greening of Politics ». *Green Perspectives*, n° 1, janvier 1986.

From Urbanization to Cities. Londres, Cassell, 1995. D'abord paru sous le titre *The Rise of Urbanization and the Decline of Citizenship*, San Francisco, Sierra Club Books, 1987, puis repris au Canada sous le titre *Urbanization Without Cities*, Montréal, Black Rose Books, 1992.

« Libertarian Municipalism : An Overview ». *Green Perspectives*, n° 24, octobre 1991.

« The Meaning of Confederalism ». *Green Perspectives*, n° 20, novembre 1990. Repris dans *Our Generation*, n° 22, automne 1990-printemps 1991, et dans *Society and Nature*, vol. 1, n° 3, 1993, p. 41-54.

« Radical Politics in an Era of Advanced Capitalism ». *Green Perspectives*, n° 18, novembre 1989. Repris dans *Our Generation*, vol. 21, n° 2, été 1990.

« Theses on Libertarian Municipalism ». *Our Generation*, vol. 16, n°s 3-4, printemps-été 1985. Repris au Canada dans *The Limits of the City*, Montréal, Black Rose Books, 1986.

The Limits of the City. New York, Harper and Row Colophon Books, 1974 ; Montréal, Black Rose Books, 1986.

« Spring Offensives and Summer Vacations ». *Anarchos*, n° 4, 1972.

La démocratie de la Grèce antique

FINLEY, Moses Immanuel. *Démocratie antique et démocratie moderne*. Paris, Payot, coll. « Petite Bibliothèque Payot », n° 35, 1990.

FINLEY, Moses Immanuel. *L'invention de la politique. Démocratie et politique en Grèce et dans la Rome républicaine*. Paris, Flammarion, 1985.

FORREST, W. G. *The Emergence of Greek Democracy*. New York, Modern Library Editions, s.d.

JAEGER, Werner. *Paideïa. La formation de l'homme grec, la Grèce archaïque, le génie d'Athènes*. Paris, Gallimard, coll. « Tel », n° 127, 1988.

KITTO, H. D. F. *The Greeks*. Londres, Penguin Books, 1951.

ZIMMERN, Alfred. *The Greek Commonwealth*. New York, Modern Library Editions, s.d.

Haut Moyen Âge et début de l'époque moderne en Europe

BARBER, Benjamin. *The Death of Communal Liberty : A History of Freedom in a Swiss Mountain Canton*. Princeton, Princeton University Press, 1974.

BLOCKMANS, Wim P. « Alternatives to Monarchical Centralisation : The Great Tradition of Revolt in Flanders and Brabant ». Dans H. G. KOENIGSBERGER (dir.), *Republicanism in Early Modern Europe*, Munich, Oldenbourg, 1988.

CASTELLS, Manuel. *The City and the Grassroots : A Cross-Cultural Theory of Urban Social Movements*. Berkeley et Los Angeles, University of California Press, 1983. (Le chapitre 2 porte sur le mouvement des *comuneros*.)

LASLETT, Peter. *Un monde que nous avons perdu. Famille, communauté et structure sociale dans l'Angleterre pré-industrielle*, trad. Christophe Campos. Paris, Flammarion, 1969.

MARTINES, Lauro. *Power and Imagination : City-States in Renaissance Italy*. New York, Alfred A. Knopf, 1979.

MUNDY, John H., et Peter RIESENBERG. *The Medieval Town*. New York, Van Nostrand Reinhold, 1958.

TILLY, Charles, et Wim P. BLOCKMANS (dir.). *Cities and the Rise of States in Europe, A.D. 1000 to 1800*. Boulder (Colorado), Westview Press, 1994.

WALEY, Daniel. *The Italian City-Republics*. New York, McGraw Hill, 1969.

L'assemblée municipale de la Nouvelle-Angleterre

BREEN, T. H. *Puritans and Adventurers : Change and Persistence in Early America*. New York, Oxford University Press, 1980.

GROSS, Robert A. *The Minutemen and Their World*. New York, Hill & Wang, 1976.

KATZ, Stanley N. (dir.). « Colonial Politics and Society : The Eighteenth Century », partie III de *Colonial America : Essays in Political and Social Development*. Boston, Little, Brown, 1971.

LINGEMAN, Richard. *Small Town America : A Narrative History, 1620-Present*. New York, Putnam, 1980, chapitre 1.

LOCKRIDGE, Kenneth A. *A New England Town : The First Hundred Years*. New York, W. W. Norton, 1970.

MORGAN, Edmund S. *The Puritan Dilemma: The Story of John Winthrop.* Boston, Little, Brown, 1958.

ZUCKERMAN, Michael. *Peacable Kingdoms: New England Towns in the Eighteenth Century.* New York, Vintage, 1970.

Les sections parisiennes pendant la Révolution française

BOOKCHIN, Murray. *The Third Revolution.* Londres, Cassell, 1996.

SOBOUL, Albert. *La Révolution française.* Paris, Presses universitaires de France, 1981.

THOMPSON, J. M. *The French Revolution.* Oxford, Basil Blackwell, 1943 (en particulier, p. 280-282, 295-298).

Cités et confédérations au XXᵉ siècle

BOOKCHIN, Murray. *The Spanish Anarchists.* New York, Harper & Row, 1977.

CASTELLS, Manuel. « The Making of an Urban Social Movement: The Citizen Movement in Madrid Towards the End of the Franquist Era ». Dans Manuel CASTELLS, *The City and the Grassroots: A Cross-Cultural Theory of Urban Social Movements.* Berkeley et Los Angeles, University of California Press, 1983.

GERECKE, Kent (dir.). *The Canadian City.* Montréal, Black Rose Books, 1991.

GORDON, David (dir.). *Green Cities: Ecologically Sound Approches to Urban Space.* Montréal, Black Rose Books, 1990.

KOTLER, Milton. *Neighborhood Government.* New York, Bobbs-Merril, 1969.

ROUSSOPOULOS, Dimitrios (dir.). *The City and Radical Social Change.* Montréal, Black Rose Books, 1982.

SCHECTER, Stephen. *The Politics of Urban Liberation.* Montréal, Black Rose Books, 1978.

Faites circuler nos livres.
Discutez-en avec d'autres personnes.
Si vous avez des commentaires,
n'hésitez pas à nous les faire parvenir.

écosociété

ÉDITIONS ÉCOSOCIÉTÉ

C.P. 32 052, comptoir Saint-André
Montréal (Québec) H2L 4Y5
ecosociete@ecosociete.org

www.ecosociete.org

DIFFUSION ET DISTRIBUTION

Au Canada : Diffusion Dimedia
En Europe : Harmonia Mundi Livre

Achevé d'imprimer en septembre 2024 sur les presses
de Présence Graphique à Monts (37), en France,
pour le compte des Éditions Écosociété